AF248318

LA VÉRITÉ FONDAMENTALE

DE

LA PHILOSOPHIE CHRÉTIENNE

SELON SAINT THOMAS

PAR

Le R. P. N. DEL PRADO, O. P.

Professeur à l'Université de Fribourg (Suisse).

APPENDICES :

1° SCOT ET SAINT THOMAS

Par le R. P. N. DEL PRADO, O. P.

2° " DESTRUCTION DES DESTRUCTIONS " DU R. P. CHOSSAT

A PROPOS DE L'ARTICLE SUR « LA NATURE DE DIEU D'APRÈS LES SCOLASTIQUES »,
DU « DICTIONNAIRE DE THÉOLOGIE CATHOLIQUE », fasc. XXIX

Par le R. P. GARDEIL, O. P.

Maître en théologie.

(Extrait de la *Revue thomiste*, 18e année, mars et mai 1910.)

BUREAUX DE LA *REVUE THOMISTE*
Rue Vélane, 6, Toulouse.

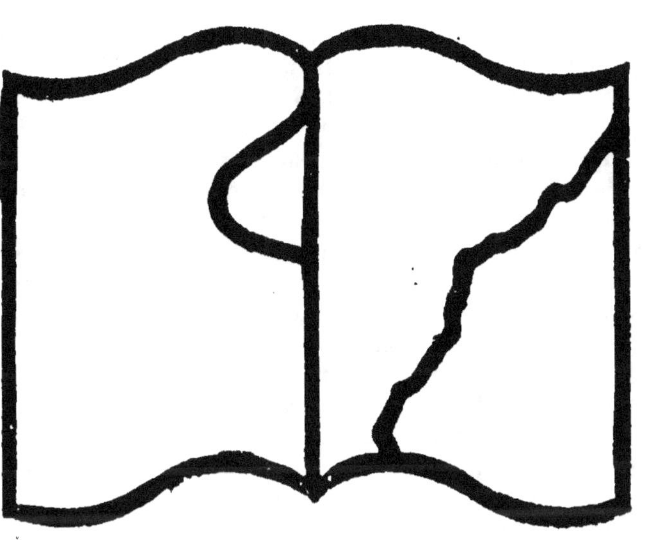

Texte détérioré — reliure défectueuse
NF Z 43-120-11

BREF DE SA SAINTETÉ PIE X AU R. P. MONTA

PROFESSEUR A L'UNIVERSITÉ DE FRIBOURG, DIRECTEUR DE LA « REVUE [...]AISTE »

A NOTRE CHER FILS AMBROISE MONTAGNE

PRÊTRE DE L'ORDRE DOMINICAIN

CHER FILS, SALUT ET BÉNÉDICTION APOSTOLIQUE

Il n'y a pas longtemps que Notre cher fils Thomas Coconnier Nous fit hommage, à l'occasion de la cinquantième année de Notre Sacerdoce, de quinze volumes de la *Revue Thomiste*. Nous Nous disposions à exprimer à ce digne religieux, qui fut un excellent et ferme défenseur de la vérité, les remerciements qu'il méritait pour ce présent; lorsque nous reçûmes d'une façon inopinée la triste nouvelle de sa mort. Nous en éprouvâmes d'autant plus de peine que cette *Revue* semblait pouvoir disparaître avec son fondateur. Mais les Supérieurs de l'Ordre y ont heureusement pourvu. Non seulement ils n'ont pas laissé tomber l'œuvre qu'il avait créée, mais encore ils ont eu la pensée de pourvoir à sa prospérité : ils l'ont, cher fils, placée sous votre direction. La charge qui vous est confiée n'est certes pas exempte de difficultés, soit parce que, pour appliquer utilement à la solution des nombreuses et graves questions agitées de nos jours la doctrine de Thomas d'Aquin, il faut en bien saisir les principes ainsi que leur enchaînement, soit parce que, aujourd'hui, malgré les recommandations incessantes du Siège Apostolique, bien des esprits, trop avides de nouveautés, méprisent, ou du moins n'estiment pas, comme elle le mérite, l'antique sagesse de saint Thomas. Nous avons néanmoins confiance que, avec vos collaborateurs, grâce à votre union et à vos efforts, vous surmonterez insensiblement tous ces obstacles, et qu'en propageant la doctrine de Thomas d'Aquin dans toute sa pureté et son intégrité, vous amènerez peu à peu ceux-là même qui sont étrangers à la philosophie chrétienne vers cette source de sagesse, assez abondante pour féconder toute science. C'est là certes une mission magnifique! Vous la remplirez plus utilement encore, si, à votre ardeur pour étudier les écrits du Docteur Angélique, vous ajoutez l'imitation des vertus qui brillèrent en lui de tant d'éclat, si tout particulièrement vous suivez les exemples de son assiduité à la prière, de son obéissance au Magistère de l'Église, de son humilité et de sa modestie, ainsi que de sa douceur et de sa mansuétude à l'égard des adversaires même les plus acharnés. Afin que tous ces vœux se réalisent, et comme gage des dons célestes, Nous vous accordons très affectueusement à vous, cher fils, et à tous ceux qui vous aideront en quelque façon dans vos travaux, la bénédiction apostolique.

Donné à Rome, près Saint-Pierre, le 23 novembre 1908, la sixième année de Notre Pontificat.

PIE X, pape.

LA VÉRITÉ FONDAMENTALE

DE

LA PHILOSOPHIE CHRÉTIENNE

SELON SAINT THOMAS

PAR

F. N. DEL PRADO, O. P.

(Extrait de la *Revue thomiste*, 18ᵉ année. mars-avril 1910.)

TOULOUSE

IMPRIMERIE ET LIBRAIRIE ÉDOUARD PRIVAT

14, RUE DES ARTS (SQUARE DU MUSÉE)

1910

BREF DE SA SAINTETÉ PIE X AU R. P. MONTA[GNE]

Professeur a l'Université de Fribourg, Directeur de la « Revue [Thom]iste »

A NOTRE CHER FILS AMBROISE MONTAGNE

Prêtre de l'Ordre Dominicain

Cher Fils, salut et bénédiction apostolique

Il n'y a pas longtemps que Notre cher fils Thomas Coconnier Nous fit hommage, à l'occasion de la cinquantième année de Notre Sacerdoce, de quinze volumes de la *Revue Thomiste*. Nous Nous disposions à exprimer à ce digne religieux, qui fut un excellent et ferme défenseur de la vérité, les remerciements qu'il méritait pour ce présent; lorsque nous reçûmes d'une façon inopinée la triste nouvelle de sa mort. Nous en éprouvâmes d'autant plus de peine que cette *Revue* semblait pouvoir disparaître avec son fondateur. Mais les Supérieurs de l'Ordre y ont heureusement pourvu. Non seulement ils n'ont pas laissé tomber l'œuvre qu'il avait créée, mais encore ils ont eu la pensée de pourvoir à sa prospérité ; ils l'ont, cher fils, placée sous votre direction. La charge qui vous est confiée n'est certes pas exempte de difficultés, soit parce que, pour appliquer utilement à la solution des nombreuses et graves questions agitées de nos jours la doctrine de Thomas d'Aquin, il faut en bien saisir les principes ainsi que leur enchaînement, soit parce que, aujourd'hui, malgré les recommandations incessantes du Siège Apostolique, bien des esprits, trop avides de nouveautés, méprisent, ou du moins n'estiment pas, comme elle le mérite, l'antique sagesse de saint Thomas. Nous avons néanmoins confiance que, avec vos collaborateurs, grâce à votre union et à vos efforts, vous surmonterez insensiblement tous ces obstacles, et qu'en propageant la doctrine de Thomas d'Aquin dans toute sa pureté et son intégrité, vous amènerez peu à peu ceux-là même qui sont étrangers à la philosophie chrétienne vers cette source de sagesse, assez abondante pour féconder toute science. C'est là certes une mission magnifique! Vous la remplirez plus utilement encore, si, à votre ardeur pour étudier les écrits du Docteur Angélique, vous ajoutez l'imitation des vertus qui brillèrent en lui de tant d'éclat, si tout particulièrement vous suivez les exemples de son assiduité à la prière, de son obéissance au Magistère de l'Église, de son humilité et de sa modestie, ainsi que de sa douceur et de sa mansuétude à l'égard des adversaires même les plus acharnés. Afin que tous ces vœux se réalisent, et comme gage des dons célestes, Nous vous accordons très affectueusement à vous, cher fils, et à tous ceux qui vous aideront en quelque façon dans vos travaux, la bénédiction apostolique.

Donné à Rome, près Saint-Pierre, le 23 novembre 1908, la sixième année de Notre Pontificat.

PIE X, pape.

LA VÉRITÉ FONDAMENTALE

DE

LA PHILOSOPHIE CHRÉTIENNE

SELON SAINT THOMAS

PAR

F. N. DEL PRADO, O. P.

(Extrait de la *Revue thomiste*, 18e année, mars-avril 1910.)

TOULOUSE

IMPRIMERIE ET LIBRAIRIE ÉDOUARD PRIVAT

14, RUE DES ARTS (SQUARE DU MUSÉE)

1910

ADDENDA ET MUTANDA

Page 59, ligne 22, au lieu de *dix* lire *six*.

Page 63. Galea et Zigon ont établi que l'opuscule *De quo est et quod est* est tiré du Commentaire de saint Thomas sur les Sentences, l. I, dist. VIII, q. V, a. 2. Le texte de l'opuscule n'en est pas devenu plus authentique, en raison de sa corruption. Le P. Mandonnet qui connait et cite la trouvaille de Galea, *Revue thomiste*, mai-juin 1910, p. 296, le recense toujours parmi les apocryphes. (Voir sa table des œuvres de saint Thomas, *Revue thomiste*, novembre-décembre 1909, n. 101, p. 785.)

Cette corruption du texte atteint très spécialement le passage dont M. Chossat fait état, et enlève tout fondement à son exégèse. M. Chossat lisait dans l'opuscule : *Et ipsa quidditas erit hoc quod est suum esse et quo est.* Et il en concluait que, dans l'ange, le *quod est* et le *quo est* peuvent ne différer que selon notre mode de concevoir, col. 1198. Le texte du *Commentaire sur les Sentences* porte : *Et ità ipsa quidditas erit hoc quod est, et ipsum esse suum erit quò est,* leçon qui ne laisse aucune prise à l'interprétation de l'auteur et fait rentrer ce passage dans les lignes de la doctrine commune de saint Thomas sur l'ange.

Page 67, ligne 13. Modifier ainsi le § 3 :

3° Averroës et saint Thomas admettent que cette composition peut être nommée accidentelle. « Au sens large du mot », ajouterai-je avec saint Thomas, Quodlibet XII, a. 5. Ce qui veut dire que l'essence et l'existence forment une *ratio composita*, « *sicut ratio hominis albi resolvitur in rationem hominis et in rationem albi* », et non pas une *res tertia*, « *sicuti ex animâ et corpore constituitur humanitas quæ est homo* ». Quodlibet II, a. 3, ad 1um. L'ange, déclare saint Thomas, est ainsi composé d'essence et d'existence. Son essence et son existence ne constituent pas des parties substantielles, (comme corps et âme), mais sont dans le rapport de substance à actualité de toute substance. Quodlibet III, a. 3.

En harmonie avec cette modification, on voudra bien faire les deux changements suivants :

Page 54, ligne 15, *lire :* distinction analogue à celle de la matière et de la forme, *Contra Gentes*, l. II, c. LIV ; Quodlibet IX, a, 6, ad 3um.

Page 68, supprimer la ligne 4 après les mots *et aliud*, et la ligne 5.

Le bienveillant lecteur voudra bien excuser ces additions et corrections, en tenant compte à l'auteur de ce qu'il n'a disposé que de 15 jours pour prendre connaissance de l'article de M. Chossat et pour rédiger sa réponse.

Le Saulchoir, 10 juin.   A. G.

LA VÉRITÉ FONDAMENTALE DE LA PHILOSOPHIE CHRÉTIENNE

SELON SAINT THOMAS.

I.

IMPORTANCE DE LA QUESTION.

Le P. Ventura de Raulica, parlant de la philosophie thomiste, nous dit en cette formule expressive ce qu'il pense de sa valeur et de ses mérites : « La philosophie de saint Thomas est exclusivement et éminemment chrétienne ; et la philosophie chrétienne ne se trouve, dans sa plénitude et sa perfection, que dans saint Thomas[1]. »

Ce jugement du P. Ventura, Léon XIII l'a mis en relief dans l'Encyclique *Æterni Patris* dont le titre officiel est celui-ci : *De Philosophia christiana ad mentem sancti Thomae Aquinatis Doctoris angelici in scholis catholicis instauranda.* Pie X l'a approuvé de nouveau et l'a confirmé lorsque, dans son Encyclique *Pascendi Dominici gregis*, il a dit, entre autres avertissements dignes de remarque : *Magistros autem monemus ut rite hoc teneant : Aquinatem deserere,* PRAESERTIM IN RE METAPHYSICA, *non sine magno detrimento esse.*

Or, il est en métaphysique une question qui domine toute spéculation, et cette question capitale se réduit à une thèse que saint Thomas lui-même n'hésite pas à qualifier de *vérité sublime.* Quelle est cette question? Quelle est la formule exprimant fidèlement cette sublime vérité? Saint Thomas va nous le dire.

Au livre I de la *Summa contra Gentes*, ch. XII, il énonce en ces termes la première partie de cette vérité : « En Dieu, l'existence et l'essence sont identiques (*In Deo idem est esse et essentia*). » Au

---

1. *Filosofia cristiana,* t. II, part. 3, *Introd.*

livre II de la même *Somme*, ch. LII, une autre formule, appelée
logiquement par la première, vient s'ajouter à elle pour la compléter : « En tous les autres êtres, l'existence et ce qui existe diffèrent (*in omnibus autem aliis, etiam in substantiis intellectualibus,
differt esse et quod est*). »

Après avoir mis en avant six preuves pour démontrer la première
partie de cette fameuse thèse, et sept pour établir solidement la
seconde, l'Ange de l'Ecole conclut sa démonstration philosophique en terminant les deux chapitres par les mêmes réflexions. Réflexions révélatrices d'un génie supérieur dont le regard pénétrant a
découvert au fond de ce problème un trésor caché de vérités !
Vérité sublime ! s'écrie saint Thomas ; vérité-mère, du sein de
laquelle naîtront des vérités sans nombre, comme du soleil jaillissent les rayons de la lumière. VERITATEM SUBLIMEM [1] !!

Saint Thomas, dont l'intelligence par ses intuitions atteint parfois les confins du monde angélique, a saisi et marqué en cette
thèse la note caractéristique qui, parmi toutes les autres différences, distingue l'Être infini des êtres finis. Cette « Vérité sublime »,
il la signale comme la racine et la raison d'être de toutes les
perfections propres au Créateur, et des attributs que, par analogie
et par voie d'opposition, nous affirmons des choses créées. C'est
surtout dans cette question qu'apparaît tout particulièrement la
justesse de cette observation que fait, en y appuyant avec insistance, le pape Léon XIII dans son Encyclique : « Le Docteur angélique a vu les conclusions philosophiques dans les raisons éternelles
des choses et dans les principes dont le vaste sein contient les germes
de vérités en nombre infini qu'il appartiendra aux docteurs des
âges futurs de faire fructifier en temps opportun [2]. »

---

1. « Hanc *sublimem veritatem* Moyses a Domino est edoctus, qui cum quaereret
a Domino dicens : Si dixerint ad me filii Israel : quod est nomen ejus? quid dicam
eis? Dominus respondit : *Ego sum qui sum;* sic dices filiis Israel : *qui est misit
me ad vos* (Ex. III), ostendens suum proprium nomen esse *qui est.* » (Cont. Gent.
L. I, c. 22.)

Hinc est quod proprium nomen Dei ponitur esse *qui est*, quia ejus solius proprium est quod *substantia* non sit aliud quam *suum esse.* » (*Ibid.*, l. II, c. 52.)

2. « Illud etiam accedit quod philosophicas conclusiones Angelicus Doctor speculatus est in rerum rationibus et principiis, quae quam latissime patent, et infinitarum fere veritatum semina suo velut gremio concludunt, a posterioribus magistris opportuno tempore et uberrimo cum fructu aperienda. » (Encycl. *Æterni
Patris.*)

Voilà pourquoi il est, croyons-nous, difficile de trouver un écrivain de valeur qui, après avoir étudié et approfondi la doctrine de saint Thomas, n'ait vu dans le problème ontologique dont nous parlons, le point le plus élevé et le plus lumineux de la métaphysique thomiste. Et combien nombreux sont ceux qui, se faisant gloire d'être les disciples fidèles et sincères de l'angélique maître, n'ont pas un seul instant hésité à affirmer que cette thèse, telle que saint Thomas l'enseigne, constitue la vraie pierre angulaire et en même temps la clef de voûte du temple grandiose élevé par l'Ange de l'Ecole à la philosophie chrétienne! On n'en finirait pas s'il fallait reproduire les textes et citer les autorités. Rappelons seulement, à titre d'exemple, les noms de deux grands penseurs, l'un du seizième, l'autre du dix-neuvième siècles. Tous les deux étaient Dominicains, tous les deux connaissaient à fond la doctrine de saint Thomas pour l'avoir, pendant toute leur vie, étudiée, commentée et enseignée.

Le premier est le cardinal Cajetan. Dans ses Commentaires sur la *Somme théologique*, il fait l'observation suivante qui ne manque, aujourd'hui encore, ni d'intérêt, ni d'actualité : « *Et scito quod ista quaestio est subtilissima et propria antiquis métaphysicis ; a modernulis autem valde aliena, quia tenent non solum in Deo, sed in omni re essentiam identificari existentiae illius*[1]. » Dans ses Commentaires sur Aristote, Cajetan montre la place qu'occupe dans la philosophie de saint Thomas cette question si haute, que les métaphysiciens d'autrefois considéraient avec une sorte de vénération et que, en ces temps de modernisme, on traite avec dédain et mépris. Remarquables sont les paroles du célèbre commentateur : « *In hoc loco expresse Aristoteles dicit quod ESSE non est ipsa essentia rei : quod est maximum fundamentum doctrinae sancti Thomae*[2]. »

Le second écrivain est le cardinal Zéphyrin Gonzalez. Ecoutons les explications qu'il donne en traitant *ex professo* cette matière dans son œuvre magistrale *Estudios sobre la Filosofía di santo Tomas* : « Je n'ai, dit-il, la prétention d'imposer à personne le joug de l'autorité, ni l'intention d'escamoter la question par ce

<hr>

1. Comment. in I Part., q. III, a. 4.
2. *Comment in Poster. Analyt.*, cap. vi.

moyen. On me permettra cependant de remarquer, à l'intention de ceux de mes lecteurs qui ont de la doctrine de saint Thomas une idée digne de sa profondeur et de sa solidité, que c'est là un des points capitaux de sa sublime philosophie. Partout, *en cent passages* de ses œuvres, il enseigne explicitement et avec toute la clarté désirable la distinction réelle entre l'essence et l'existence dans les créatures, en faisant toujours observer que l'identification de ces deux réalités est un attribut spécial de la divinité. Et il semble se complaire à élucider cette *question pleine d'intérêt*..... Une des principales raisons que le saint Docteur invoque pour établir cette distinction est empruntée aux Pères de l'Eglise et aux philosophes chrétiens les plus autorisés. Tous, d'un commun accord, nous enseignent que l'attribut propre de Dieu est d'exister essentiellement, par son essence même, de telle sorte que son essence est son existence, conformément à la définition qu'il lui donne lui-même, en disant à Moïse : *Je suis celui qui suis*. Si donc l'existence des créatures est absolument identique à leur essence, nous pouvons dire d'elles qu'elles existent essentiellement, par leur essence même, comme nous le disons de Dieu.

« On me dira peut-être : En Dieu, l'existence essentielle implique non seulement l'identité de l'essence et de l'existence, mais encore l'indéfectibilité de l'être et l'indépendance de toute cause, puisque en Lui l'existence n'est pas produite. A quoi je réponds : Si l'on veut bien réfléchir, on verra que cela ne diminue en rien la valeur de la preuve invoquée. Il est évident que le fait pour un être de dépendre ou de ne pas dépendre d'une cause efficiente est complètement étranger, relativement à l'inconvénient signalé dans la preuve, à l'identité de l'essence et de l'existence. Si l'on admet, en effet, que l'essence et l'existence des créatures sont une seule et même chose, il est logique d'en conclure qu'elles existent par leur essence. Mais il y a plus : le raisonnement conserve toute sa force, en tenant compte de cette différence qui confirme, au lieu de l'énerver, l'argument mis en avant. Selon la remarque profonde de saint Thomas, c'est précisément parce que l'existence des créatures dépend de Dieu comme de sa cause efficiente qu'elle ne peut être identique à leur essence. Supposée en effet cette identité, l'essence réalisée ne serait que l'existence actuelle de la créature. Il serait donc impossible qu'elle fût produite par un autre. Pourquoi disons-nous que Dieu existe nécessairement, absolument et indépendamment de toute cause? N'est-ce pas parce que son essence est d'exister? Il faudrait donc admettre qu'il en est ainsi pour la créature, si l'essence de celle-ci était absolument identique à son existence, puisque, dans cette hypothèse, son essence réalisée serait son existence actuelle, comme en Dieu. Si l'être de Dieu n'est ni ne peut être causé, c'est parce qu'il existe par lui-même, par son essence, ou en d'autres termes, parce que son essence est absolument identique à son existence et n'est autre chose que son acte d'exister.

« Ainsi donc la nécessité de dépendre d'une cause efficiente, qui se trouve impliquée dans l'existence de la créature et que n'implique pas l'existence de Dieu, est loin de nuire à la force et à la valeur de l'argument invoqué pour établir la distinction réelle entre l'essence et l'existence des créatures. Elle nous fournit au contraire une nouvelle preuve *a posteriori* à l'appui de cette distinction [1] ».

Ainsi parle le cardinal Gonzalez. Il montre ensuite que de l'opposition réciproque entre l'essence et l'existence dans les créatures, il suit que cette distinction est réelle, c'est-à-dire indépendante de notre esprit et antérieure à la connaissance que nous en avons. Ailleurs, dans sa *Philosophia elementaria*, il s'exprime en ces termes : « *Hanc thesim angelicus doctor habet tanquam veritatem fundamentalem Philosophiae christianae; eam sexcentis plus minusve locis vehementer propugnat, ac ex eadem colligit ac constituit unam e differentiis primariis quibus Deus a creaturis secernitur* [2] ».

II.

ARGUMENT PAR LEQUEL SAINT THOMAS PROUVE LA CRÉATION.

Celui qui néanmoins voudrait se convaincre par lui-même et constater que saint Thomas considère cette doctrine comme l'une des thèses fondamentales de la philosophie chrétienne, n'a qu'à ouvrir la *Somme théologique*, au Traité de Dieu, et y lire, pour les comparer l'un à l'autre, l'article 3 de la question II (*Utrum Deus sit*) — et l'article premier de la question XLIV (*Utrum sit necessa-*

1. *Estudios sobre la Filosofía de Santo Tomas*, t. I, lib. 2, c. 6.
2. *Philosophia elementaria*, vol. 2, cap. 1, art. 2, thesis 2.

rium omne ens esse creatum a Deo). Le lecteur prudent et sage, pour peu qu'il aime à réfléchir, à méditer et à chercher le « *pourquoi* » des choses, se demandera quelle est la raison de cet admirable procédé philosophique. Le procédé du Docteur angélique est une véritable odyssée. Saint Thomas entreprend sa marche ascensionnelle par les cinq avenues royales dont le point de départ est le monde des choses corporelles et sensibles, dont le point d'arrivée est le premier Moteur immobile, la première cause efficiente indépendante de toute autre, l'Être Nécessaire ayant en lui-même la raison de son existence, le Premier Être qui renferme en son sein la plénitude de toutes les perfections, la Première Intelligence ordonnatrice de l'univers. Par la même voie, il redescend ensuite de ces hauteurs, portant avec lui — comme un merveilleux trésor découvert dans ses explorations à travers le monde intellectuel — la vérité de la création démontrée philosophiquement et en toute rigueur de logique. C'est le couronnement de la « *philosophie première* », qui domine tout le domaine scientifique.

Dans la première journée de ce voyage philosophique, saint Thomas démontre l'existence de Dieu : l'existence nécessaire d'un Être qui ne doit avoir ni cause efficiente, ni cause exemplaire, ni cause finale : *Ens cui nihil est causa essendi*[1].

Au terme de cette exploration, il prouve que de Dieu procèdent, par voie de création, comme de leur unique cause efficiente, de leur suprême cause exemplaire et de leur cause finale ultime, toutes les choses existantes, avec toutes les perfections qu'elles contiennent : *Ens cui nihil est causa essendi est causa essendi omnibus quae sunt et quae quocunque modo sunt*[2].

Or, quel est l'argument démonstratif de cette conclusion souveraine, qui constitue le « *nec plus ultra* » des spéculations du génie humain ? Il est aussi bref et simple qu'il est profond et synthétique. En lui brille condensée toute la lumière des idées-mères de la philosophie. Le voici : « Il est nécessaire de dire que les anges et tout ce qui n'est pas Dieu a été créé par Dieu. Seul, en effet, Dieu est son existence ; dans les autres êtres, au contraire, l'essence de la chose et son existence sont distinctes, comme on l'a montré plus

1. *Sum. theol.*, I, q. 2, a. 3.
2. *Ibid.*, I, q. 44, a. 1 et 2.

haut (q. 3, a. 4). D'où il est manifeste que Dieu seul est l'Être par essence, tous les autres êtres existent par participation. Mais ce qui est par participation est causé par ce qui est par soi, comme les brûlures des choses brûlées sont causées par le feu. Il faut donc que les anges *aient été créés par Dieu* [1] ».

Tel est le seul argument par lequel saint Thomas prouve la vérité de la création dans la *Somme théologique*. De là il déduit que tout ce qui existe, quel que soit son mode d'être, — matériel et visible, ou bien invisible et spirituel, — procède de Dieu créateur, comme du principe unique de toutes choses : « *Necesse est ergo esse unum essendi principium a quo esse habeant quaecunque sunt quocunque modo, sive sint invisibilia et spiritualia, sive sint visibilia et corporalia* [2]. »

Tout autre argument philosophique et rationnel, quelle que soit sa forme, se réduit en dernière analyse à cette preuve fondamentale. A ce même argument se ramènent les trois raisons que Platon, Aristote et Avicenne avaient laissées dans la pénombre et que saint Thomas met en pleine lumière dans les *Questions disputées*. Il termine ainsi : « *Sic ergo ratione demonstratur et fide tenetur quod omnia sint a Deo creata* [3]. » A lui aussi se ramènent les six magnifiques preuves par lesquelles le saint Docteur démontre dans la *Summa contra Gentes* que : *Omnia quae sunt a Deo sunt*. Parmi ces preuves, nous retrouvons l'argument de la *Somme théologique* sous la forme suivante : « Ce qui est par essence est la cause de tout ce qui est par participation, comme le feu est cause de toutes les brûlures. Or Dieu est l'Être par essence, parce qu'il est l'existence même; tout le reste est par participation, parce que l'être qui est son existence ne peut être qu'un, comme on l'a montré dans le livre I, ch. XXII et LXII. Dieu est donc pour toutes les autres choses la cause de leur existence [4].

1. « Respondeo dicendum quod necesse est dicere et angelos et omne id quod praeter Deum est a Deo factum esse. Solus enim Deus est suum esse; in omnibus autem aliis differt essentia rei et esse ejus, ut ex superioribus patet, q. 3, a. 4. Et ex hoc manifestum est quod solus Deus est ens per essentiam, omnia vero alia sunt entia per participationem. Omne autem quod est per participationem causatur ab eo quod est per essentiam, sicut omne ignitum ab igne. Unde necesse est angelos esse a Deo creatos. » (I P., q. 61, a. 1.)

2. *Sum. theol.*, I, q. 65, a. 1.

3. *De Potentia*, q. 3, a. 5.

4. « Quod per essentiam dicitur est causa omnium quae per participationem

Qu'on nie la distinction réelle de l'essence et de l'existence, ou bien qu'on l'admette, nous ne croyons pas qu'il y ait entre les philosophes divergence d'avis au sujet de cette proposition : Tout ce qui est par participation a pour cause ce qui est par essence (*Omne quod est per participationem causatur ab eo quod est per essentiam*). Pour peu qu'on l'approfondisse, en analysant ses termes, le sens en apparaît clair et évident. Si cette proposition n'était pas vraie, Dieu ne serait pas seul l'être par essence (*Ens per essentiam*) et les autres choses ne seraient pas des êtres par participation (*entia per participationem*). Dieu ne serait pas seul *Ens per essentiam* ; il ne serait donc pas la source primordiale de tous les êtres. Dieu ne serait pas seul *Ens per. essentiam* ; il y aurait donc des êtres qui ne seraient pas créés par Dieu. De même toutes les autres choses ne seraient pas *entia per participationem*, car pour être ainsi deux conditions sont nécessaires, à savoir : 1° être causé, — sans cela l'être par participation ne se comprendrait pas ; — 2° être causé par celui qui est par essence, — sans cela ce ne serait pas une participation de l'être. — En un mot, il n'y aurait pas des êtres par participation s'ils n'étaient causés par l'être existant par essence ; et il n'y aurait pas d'être existant par essence, s'il n'était la cause des êtres qui existent par participation.

La question, dès lors, se réduit à cette autre proposition fondamentale de l'argument : « Dieu seul est l'être par essence, toutes les autres choses sont des êtres par participation (*Solus Deus est ens per essentiam, omnia autem alia sunt entia per participationem*). » Si on se borne à l'énoncer en termes généraux, sans chercher à distinguer les sens multiples qu'elle renferme, ni à préciser l'ordre logique de ces sens divers, cette proposition devra être admise comme vraie par tout philosophe digne de ce nom, soit qu'il nie la distinction réelle entre l'essence et l'existence, soit qu'il affirme la réalité de cette distinction en toutes choses, excepté en Dieu. La discussion commence seulement lorsqu'il s'agit de déterminer la raison fondamentale et suprême pour laquelle Dieu est

dicuntur, sicut ignis est causa omnium ignitorum in quantum hujusmodi. Deus autem est ens per essentiam, quia est ipsum esse ; omne autem aliud est ens per participationem, quia ens quod sit suum esse non potest esse nisi unum, ut ostensum est in I Libro, cap. 22 et 42. Deus igitur est causa essendi omnibus aliis. » *Cont. Gent.*, L. II, c. 15.)

l'Être par essence (*Ens per essentiam*) et toutes les créatures des êtres par participation (*Entia per participationem*). — *Hic opus, hic labor est.*

III.

L'ÊTRE PAR ESSENCE ET L'ÊTRE PAR PARTICIPATION.

Comme le remarque fort à propos le cardinal Cajetan, la proposition : *Solus Deus est ens per essentiam, omnia autem alia sunt entia per participationem* est admise par tous les philosophes et par tous les théologiens; mais tous ne l'entendent pas de la même façon[1]. Tous s'accordent à dire que Dieu seul est l'être par essence et que toutes les autres choses ont en participation divers degrés d'être plus ou moins parfaits selon qu'elles s'éloignent plus ou moins du néant d'où elles ont été tirées et s'approchent plus ou moins de l'Être par excellence, de Celui dont le trône, entouré d'une lumière inaccessible, resplendit au sommet de tous les êtres. C'est là la quatrième voie que suit saint Thomas pour aller jusqu'à Dieu : *Ex gradibus perfectionis quæ in rebus inveniuntur.* Au terme de cette voie se trouve cette conclusion : « Il existe donc un être qui est pour tous les autres la cause de l'existence, et de la bonté et de toute perfection; nous disons que cet être est Dieu. (*Ego est aliquid quod est omnibus entibus causa esse, et bonitatis et cujuslibet perfectionis, et hoc dicimus Deum* (I, q. 2, a).

Mais cette conclusion n'acquiert son évidence complète qu'à la question XLIV. Là, en effet, l'angélique Docteur, prenant comme

---

1. Cajetan in I P., q. XLIV, a. 1 : « Quoad rem vero, scito quod ista ratio in terminis communibus, communis est sapientibus fere omnibus; dissensio autem est in expositione terminorum et probationibus... — Omnes concedunt *solum Deum esse Ens per essentiam;* diversimode tamen exponunt. Scotus enim (in I Sent. d. 2, q 3, ad tertium principale, et d. 8. ad 2, juxta primam quaestionem) exponit ideo Deum dici Ens per essentiam, quia esse ejus est perfectissimum et infinitum; et ideo creaturam dici ens per participationem, quia esse ejus est pars, id est, minus, respectus *ipsius Esse,* quod natum est esse infinitum, et ideo reduci ad Infinitum, ut imperfectum ad perfectum.

« A S. Thoma autem, Avicenna, Boetio, Alfarabio et Algazele (S. Thom. in hoc art., et in q. 3, a. 4, et q. 104, a. 1. — Avicen. *Metaphys.* VIII, cap. 4. — Boet. de Hebdom. et S. Thom., *ibid.*, lect. 1. — Alfarab. de intellectu. — Algazel. Metaph. I, tract. 2) exponitur quia *esse* est quidditas Dei; in creaturis vero *esse* est *actualitas* quidditatis, contracta per illam. Et propterea, in Littera, ex subsistentia ipsius *Esse,* manifestatur quod est per essentiam... Adverte secundo : quod pro eodem reputat Littera quod omnia alia a Deo non sunt *suum esse,* et participant *esse.* »

points d'appui les vérités antérieurement démontrées (I, q. 3, a. 4 ;
q. 11. a. 3 et 4) de l'identité en Dieu de l'essence et de l'existence
et puis de l'unité divine, met en pleine lumière cette proposition
qui est la conséquence de son raisonnement : Dieu est la première
cause efficiente, le suprême archétype et la fin dernière de tous les
êtres sans exception[1]. Et voilà les cinq voies démonstratives de
l'existence de Dieu réunies en une seule, au terme du voyage. La
quatrième voie, par l'amplitude et la richesse des principes qui la
commandent, nous élève et nous conduit à la suprême cause exemplaire et, en même temps, à la première cause efficiente et à la
cause finale ultime de toutes les choses[2]. La quatrième voie em-
brasse ainsi et comprend dans son amplitude toutes les autres;
elle les présuppose pour la parfaite intelligence des principes qui
servent à la former, elle appuie finalement sur elles la certitude de
sa conclusion générale : *Ego est aliquid quod omnibus entibus est
causa esse et bonitatis et cujuslibet perfectionis et hoc dicimus
Deum*[3]. »

La question XLIV n'est autre chose que la *quatrième voie* expliquée et mise en lumière sous tous ses aspects, en largeur, en hau-
teur, en profondeur. La preuve en est en ce que, dans le troisième article de la question II, on se trouve tout à coup en face de
l'*Être par essence* et de l'*Être par participation*. Cette double
idée sert de base à la quatrième voie où apparaît déjà dans ses
grandes lignes l'argument par lequel saint Thomas établira plus
tard avec évidence la vérité de la création[4].

---

1. *Sum. Theol.*, I P., q. XLIV, art. 1 : « Necesse est dicere omne ens, quòd
quocumque modo est, a Deo esse. » — Art. 2 : « Deus est causa efficiens omnium
entium. Et sic oportet etiam materiam primam ponere creatam ab universali causa
entium. » — Art. 3 : « Deus est prima causa exemplaris omnium rerum. » —
Art. 4 : « Sic ergo Divina bonitas est finis rerum omnium. »

2. « Cum Deus sit causa efficiens, exemplaris et finalis omnium rerum, et *materia* prima sit ab ipso, sequitur quod Primum Principium omnium rerum sit unum
secundum rem. Nihil tamen prohibet in eo considerari multa secundum rationem
quorum quaedam prius cadunt in intellectu nostro quam alia. (*Sum. theol.*, I, q. 44,
a. 4, ad 4.) Per unum et idem Deus in rationem diversarum causarum se habet,
quia per hoc quod est *Actus primus* est *Agens* et est *Exemplar* omnium formarum
et est *Bonitas Pura*, et per consequens omnium finis. » (*De Potent.*, q. 7, a. 1, ad 3.)

3. *Sum. theol.*, I, q. 2, a. 3.

4. « Necesse est dicere omne ens esse creatum a Deo » (I, q. 44. a. 1). « Necesse
est ponere a Deo omnia creata esse » (I, q. 45, a. 2). « Necesse est dicere et ange-
os et omne id quod praeter Deum est, a Deo factum esse » (I, q. 61, a. 1). « Ne-

Que signifie donc cette expression : *Ens per essentiam?* Tous les philosophes de l'École répondent unanimement : Elle désigne l'Être nécessaire, éternel, immuable et infini en ses perfections. Qu'entend-on par ces mots : *Ens per participationem?* L'opposition entre cette dernière expression et la précédente (*Ens per essentiam*) l'indique suffisamment. L'être par participation (*ens per participationem*) est l'être contingent, temporel, limité dans ses perfections, quels que soient les degrés de ces dernières.

Cependant, cette explication demande à être approfondie. Quelle est la racine primordiale et où se trouve la raison explicative dernière de cette nécessité d'existence, de ces attributs et de ces perfections sans limites qui sont l'apanage de l'Être par essence? Quelle est, au contraire, la racine intrinsèque et où faut-il chercher le dernier « pourquoi » de la mutabilité de l'être par participation, de sa contingence, de sa possibilité d'exister comme de ne pas exister, du caractère essentiellement limité des perfections qu'il peut avoir ou ne pas avoir? — C'est là surtout qu'apparaissent la valeur et l'importance de la réelle distinction entre l'essence et l'existence en tout ce qui est, Dieu seul excepté. Les philosophes qui ne veulent voir en cette distinction qu'un jeu de mots subtil n'ont d'autre ressource que de recourir à la *vérité de la création,* pour expliquer par elle « pourquoi » tout ce qui n'est pas Dieu est changeant, contingent et fini. Quel est ce « pourquoi »? C'est que, répondent-ils, tout dépend de Dieu et tout doit nécessairement recevoir de Lui l'existence.

Fort bien. Mais pourquoi tout dépend-il de Dieu? Et pourquoi est-il nécessaire que tout soit créé par Dieu? La création, fondement de cette dépendance, n'est-elle pas une des questions qui rentrent dans le domaine de la « philosophie première »? Serait-elle une vérité inaccessible à la raison naturelle de l'homme? Ne rentre-t-elle pas dans le champ des démonstrations de la Métaphysique? Que serait une Métaphysique qui se trouverait dans l'impuissance de donner le dernier « pourquoi » de la nécessité où sont toutes les choses existantes d'être créées par Dieu? — Puisque la « philosophie première » étudie toutes choses « *sub ratione entis* », elle

cesse est ergo esse unum essendi Principium a quo esse habeant quaecunque sunt quocumque modo, sive sint invisibilia et spiritualia, sive sint visibilia et corporalia » (I, q. 05, a. 1).

doit nécessairement s'élever de plus en plus haut sur l'échelle des êtres jusqu'à ce qu'elle rencontre un Être dont l'existence soit son essence même, et au-dessous duquel, sur la route large et haute qui monte jusqu'à Lui, ne se trouve et ne se puisse rencontrer aucun être dont l'essence soit réellement identique à l'acte d'exister.

Il n'y a donc qu'à entrer plus avant dans les profondeurs de l'être et à scruter les entrailles mêmes de la réalité des choses pour voir comment toutes, une seule exceptée, se réduisent — au terme de l'analyse et en raison même de leur être — à deux éléments réels dont le premier (l'essence) est par rapport au second (l'existence) *puissance réelle*, dont le second (l'existence) est par rapport au premier (l'essence) *acte réel*. De cette composition réelle *in linea entis* résulte, formellement constitué, l'être par participation. Au contraire, de l'identité absolue entre l'essence et l'existence, on conclut nécessairement à l'Acte pur *in linea entis*, et c'est là que se trouve la vraie notion de l'Être par essence.

Voilà jusqu'où va saint Thomas. En lisant dans l'intime des êtres, il y découvre, dans cette conception intrinsèque d'acte et de puissance *in linea entis*, le dernier « pourquoi », la cause radicale et la raison primordiale de la contingence, de la mutabilité et de la limitation des êtres participés. De la même manière, et en suivant l'ordre logique des idées, il voit dans l'identité absolue de l'essence et de l'existence le dernier « pourquoi » et la raison suprême de l'Être par essence, essentiellement infini en toutes ses perfections : « *Solus Deus est suum esse; in omnibus autem aliis differt essentia rei et esse ejus, ut ex superioribus patet* », q. 3, a. 4.

IV.

L'ÊTRE INFINI ET L'ÊTRE FINI.

Duns Scot[1], Durand, Suarez et tous ceux qui refusent avec lui d'admettre la distinction réelle entre l'essence et l'existence s'arrêtent à la notion de Dieu considéré comme *Être infini*, comme si en elle se trouvait la raison dernière des attributs divins et l'expres-

---

1. Voir plus loin, à la suite de cet article, une note sur l'opposition radicale entre la doctrine de Scot et celle de saint Thomas.

sion la plus simple de l'être par essence. L'argument démonstratif
de la création se trouve ainsi réduit à la formule suivante : Dieu
seul est l'Être infini; tous les autres êtres sont finis. Mais le fini est
causé par l'Infini. Il est donc nécessaire que l'être fini, qui est l'être
par participation, soit causé par Dieu : *Solus Deus est Ens infinitum; omnia autem alia sunt entia finita; sed omne quod est finitum
causatur ab Eo quod est Infinitum. Ergo necesse est omne ens
finitum, quod est ens per participationem, a Deo esse causatum.*

Il faut avant tout analyser la double notion d'infini et de fini et
vérifier si de fait on peut trouver en elle la dernière explication de
l'être par essence et de l'être par participation. C'est surtout cette
double notion d'infini et de fini qui va nous servir de pierre de
touche pour apprécier la valeur de la thèse ontologique « *de Essentia et Esse* », et parvenir à comprendre l'importance souveraine
de cette même thèse relativement à la solution certaine et à l'éclair-
cissement des principaux problèmes qui se posent en Métaphysique
ou « philosophie première ». Parmi ces problèmes, celui de la
création occupe le premier rang.

Quelle est donc la note caractéristique de l'Être infini? On
répondra sans doute que les attributs de l'Être infini consistent
en ce qu'Il possède la plénitude de l'être. Il est l'être sans limites, ayant en lui toutes les perfections. Un tel être est dès lors
nécessaire, absolu, indépendant, existant par son essence même,
éternel, immuable, antérieur à tout autre, premier, le seul qui
existe sans être causé, unique. Et tous ces attributs, où ont-ils leur
raison d'être radicale? Tout philosophe digne de ce nom trouvera
cette raison radicale dans l'identité entre l'essence et l'existence. On
ne peut, en effet, concevoir l'Être infini sans supposer que son acte
d'exister est nécessairement inclus dans sa nature. La note caractéristique qui le distingue de tout autre consiste donc dans l'identité absolue entre l'essence et l'existence : *in identitate essentiae et
existentiae.* C'est en ces termes que s'expriment même les philosophes qui nient la distinction réelle de l'essence et de l'existence
dans les créatures. Ils ajoutent, pour justifier leur assertion, ces
explications que nous approuvons et auxquelles nous applaudissons
de tout cœur, parce qu'elles sont l'expression exacte de la vérité :
« *Nota characteristica, qua Infinitum differt a finito, sita est in
identitate quidditativa essentiae et existentiae, quia scilicet in*

ratione objectiva essentiæ Infiniti continetur actualis existentia, ita ut nequeat vere concipi essentia Infiniti sine actuali existentia. Etenim hæc nota id exprimit quod proprium est Infiniti, esse nempe necessarium, absolutum, independens, primum ; quod est ipsum esse (existere), realitas nimirum incircumscripta, sine limite [1]. »

Et quelle est la note caractéristique qui distingue l'être fini? La réponse se devine aisément, elle est obvie et facile à comprendre ; il n'y a qu'à marcher dans la voie tracée, on l'y trouvera. Il est évident, en effet, que les propriétés et attributs de l'être fini doivent différer des attributs et des propriétés de l'Être Infini, ils doivent avoir des caractères opposés. L'être fini est donc nécessairement limité. C'est un être par participation, essentiellement dépendant d'un autre, exigeant pour exister une cause qui le produise, existant de telle manière que dans sa nature ou son essence l'existence ne se trouve pas impliquée, — si bien que notre entendement peut concevoir la raison objective de cette essence, en faisant abstraction du concept de son existence. La note caractéristique qui distingue l'être fini consiste donc dans la distinction essentielle entre l'essence et l'existence : *in distinctione quidditativa essentiae et existentiae.*

C'est en ces termes mêmes que s'expriment ceux qui n'attachent aucune importance à la distinction *réelle* entre l'essence et l'existence dans les choses créées. Écoutons les : « *Nota vero characteristica secundum quam finitum differt ab Infinito consistit* IN DISTINCTIONE QUIDDITATIVA ESSENTIÆ ET EXISTENTIÆ ; *quia videlicet in ratione objectiva essentiæ entis finiti non continetur actualis existentia ; et proinde ens finitum, supra tempus conceptum, concipi potest ut possibile, sine actuali existentia, ut quid* COMPOSITUM EX ESSENTIA PER MODUM POTENTIÆ ET EXISTENTIA PER MODUM ACTUS. *Etenim, nota ista exprimit id quod proprium est entis finiti, esse nempe contingens, ab alio dependens ut actu existat, esse secundarium quod non est ipsa realitas, sed participans ab alio realitatem [2].* »

Que peut-on répondre à cette définition de l'être fini? N'est-ce

---

1. P. Lepidi, *Philosophia christiana*, vol. II, pp. 170-171.
2. Id., *ibid.*

pas là ce qu'enseigne saint Thomas, lorsqu'il explique la notion de l'être fini par la composition réelle de puissance et d'acte *in linea entis?* Ces pensées et les formules même qui les expriment ne semblent-elles pas littéralement empruntées aux chapitres LII et LIII du second livre de la *Summa contra Gentes?* Nous l'aurions pensé, et nous aurions accepté cette explication comme bonne, si, en continuant la lecture de cette page, nous n'avions trouvé l'observation restrictive suivante : « *Dummodo utraque hæc nota admittatur, non est res magni momenti, ut sapienter advertit Dominicus Soto, negare distinctionem realem essentiæ et existentiæ*[1]. »

Donc, on ne doit pas attacher une grande importance à la distinction réelle entre l'essence et l'existence dans les êtres finis ; et la négation de cette thèse n'entraîne pas de graves inconvénients, pourvu que nous maintenions respectueusement les deux *notes caractéristiques* signalées plus haut. Mais alors, comment nous y prendrons-nous pour les conserver en toute sécurité et sans crainte qu'elles glissent entre nos mains? Une fois niée la distinction réelle entre l'essence et l'existence dans l'être fini, comment la composition *ex essentia per modum potentiæ et existentia per modum actus* peut-elle subsister encore? Comment concevoir cette *distinctio quidditativa essentiæ et existentiæ,* si en fait et en vérité cette distinction ne correspond pas à une réalité, *non est quid in rebus?* Si la distinction entre l'essence et l'existence n'est pas réelle, cette puissance et cet acte, dont la composition formerait l'être fini, sont eux aussi dépourvus de réalité. Cette composition n'est pas réelle, et l'être fini n'est pas un composé réel de puissance et d'acte. A quoi se réduit alors cette *distinction quidditative* d'essence et d'existence en laquelle consiste la note caractéristique qui distingue le fini de l'infini?

C'est que, une fois niée la distinction réelle, il n'y a plus de *distinction quidditative;* il n'y a qu'une distinction de raison, la distinction de concepts auxquels ne correspond aucune réalité de distinction dans les choses. Et nous demandons : quelle est la note caractéristique *réelle* qui distingue l'Être Infini de l'être fini?

C'est sans doute à cause de cette difficulté très grave, et pour conserver intactes les deux notes caractéristiques qui marquent la

1. P. Lepidi, *Philosophia christiana,* vol. II, pp. 170-171.

différence radicale et indélébile entre Dieu et les créatures, que Dominique Soto, en philosophe modeste et prudent, ne se hasarda pas à nier la réelle distinction de l'essence et de l'existence dans les choses créées. Il l'affirme au contraire, et il déclare très nettement que cette distinction ne doit pas être imaginée comme la distinction de deux choses qui peuvent être séparées. On doit la concevoir comme la distinction qui existe entre un sujet et une modification réelle qui vient le perfectionner. La distinction de l'essence et de l'existence est la composition réelle de deux réalités, dont l'une vient compléter l'autre. Ce n'est pas la composition qui résulte de l'union de deux parties intégrantes dans une nature substantielle; c'est la composition qui, dans une substance complète, résulte de la nature de cette substance et de l'acte d'exister inhérent à cette nature comme à son propre sujet. Ainsi s'exprime saint Thomas : « *Compositio ex essentia et esse non est compositio sicut ex partibus substantiæ*[1] ». « *In substantia intellectuali creata inveniuntur duo, scilicet substantia ipsa et esse ejus, quod non est ipsa substantia; ipsum autem esse est complementum substantiæ existentis... Ipsum igitur esse inest substantiis creatis ut quidam actus earum*[2]. »

Et voici comment s'exprime à son tour Dominique Soto : « *Enimvero istud esse existentiæ nunquam intellexi esse aliquam entitatem distinctam a subjecto tanquam aliam rem; sed est modus et actus substantiæ*[3]. »

---

1. *Quodlibet.* 2, art. 3.
2. *Cont. Gent.*, l. II, cap. 52 et 53.
3. D. Soto. *Comment. in Sent.*, l. IV, d. 10, q. 2, a. 2. Nous avons tenu à reproduire intégralement ce texte dont quelques manuels de philosophie, des articles de revues et des Dictionnaires de théologie n'ont cité que la première partie : *Esse existentiae nunquam intellexi esse aliquam entitatem distinctam a subjecto tanquam aliam rem.* Ainsi isolée, cette phrase peut être en effet interprétée dans un sens opposé à la doctrine de S. Thomas. Mais ce sens n'est pas celui de l'auteur, puisque l'auteur ajoute, en parlant toujours de l'*esse existentiae* : « *sed est modus et actus substantiae* » et que dans un autre de ses ouvrages (*Lib. Praed.*, de subst. q. 1), il a écrit : *S. Thomas* (de Ente et Essentia, c. 5, et lib. v, Cont. Gent., c. 52 et I P., q. 3, a. 4, et alibi saepe) *hanc constituit differentiam inter Deum et creaturas, quod in solo Deo esse vel existere sit de quidditate et essentia sua; sed tamen in creaturis esse non est de essentia.* — Que D. Soto ajoute ensuite pour son propre compte : « *Non est res tanti momenti hanc distinctionem aut concedere aut negare, dummodo non negetur differentia inter nos et Deum, quod esse sit de essentia Dei et non sit de essentia creaturae, sicut qui negaverit sessionem distingui a sedente nihil magnum negabit; dummodo non concedat sedere esse*

V.

PÉTITION DE PRINCIPE.

Le point critique et délicat de la question consiste à ne pas nier la différence entre Dieu et les créatures, entre l'Être Infini et les êtres finis; il consiste par suite à défendre le vrai fondement philosophique qui sert de base à cette vérité. Qu'arrivera-t-il sans cela? Les philosophes qui nient la réelle distinction de l'essence et de l'existence dans les créatures et qui, tout en la niant, croient maintenir intactes les notes distinctives de l'Être Infini et de l'être fini, vont nous le montrer.

Ces philosophes soutiennent que la négation de la distinction réelle n'entraîne pas la négation de la différence radicale entre l'Être Infini et l'être fini. Quoique la distinction entre l'essence et l'existence soit purement rationnelle, elle est, disent-ils, fondée en réalité, — *cum fundamento in re,* — et ce fondement réel suffit à lui seul pour écarter toute confusion entre l'Être Infini et les êtres finis, et pour laisser ouvert l'abîme qui sépare les êtres par participation de l'Être par essence.

Si nous leur demandons quel est ce fondement réel, ils nous répondent que ce fondement se trouve dans la *contingence* de l'être fini et dans sa *dépendance absolue* à l'égard de l'être infini.

Que si nous insistons pour connaître la raison de cette *contingence* et de cette *dépendance absolue,* ils nous disent que l'Etre Infini est le créateur de tous les êtres finis, et que tous les êtres finis ont été tirés du néant par la vertu créatrice de l'Etre Infini.

Cela revient à dire que l'affirmation ou la négation de la distinction réelle entre l'essence et l'existence doivent nous laisser indifférents. Ce qui importe vraiment, c'est de ne pas nier la différence entre Dieu et les créatures. C'est en cette dernière vérité que se concentre tout l'intérêt de la question; et cette vérité demeure intacte si on affirme que les êtres finis doivent être créés par Dieu et recevoir

de essentia hominis : hanc enim antiqui appellabant distinctionem realem, et forte docte », nous le voulons bien. Mais qu'on nous permette d'ajouter : Suivons l'exemple des anciens et, comme eux, appelons réelle cette distinction. En cela nous ferons preuve de cette sagesse que louait Dominique Soto : *et forte docte.*

de Lui l'existence. Par suite, que dans les créatures l'essence et l'existence soient réellement distinctes ou non, il sera toujours vrai de dire qu'elles sont contingentes et qu'elles dépendent de Dieu. Ainsi, la différence entre les êtres finis et l'Etre Infini demeure ferme. *Fundamentum distingui a parte rei rationem objectivam cujusve essentiæ finitæ a ratione objectiva actualis existentiæ, est realis dependentia actualis existentiæ entis finiti ab Infinito.* Ainsi parlent les adversaires de la distinction réelle En maintenant la contingence des choses créées et leur réelle dépendance à l'égard de Dieu, ils croient pouvoir faire face aux graves difficultés qu'on ne manquera pas de soulever[1].

Lorsqu'on leur fait observer que, dans cette explication, l'*identité quidditative* en laquelle ils font consister la note caractéristique qui distingue l'Infini du fini, n'a pas de sens, si dans l'être fini l'essence et l'existence sont identiques en fait, ils répondent sans hésiter : En Dieu, l'identité de l'essence et de l'existence est sans dépendance aucune, *absque dependentia ab alio ;* dans les autres choses, au contraire, cette identité implique une dépendance, la dépendance à l'égard de Dieu. La dernière explication et le dernier « pourquoi » de cette question se ramènent donc, d'après eux, à cette seule affirmation : *Dependentia rerum omnium a Deo.*

Par là on voit clairement qu'en visant la réelle distinction de l'essence et de l'existence, ces philosophes ne font que tourner en aveugles dans un cercle vicieux, puisqu'ils prouvent la nécessité de la création par la contingence des choses finies et la contingence des choses finies par le fait de leur création. Tout dépend de Dieu, parce que tout est créé par Dieu, et tout est créé par Dieu parce que tout dépend de Dieu. Tout, excepté Dieu, est contingent et fini, parce que tout, pour exister, exige nécessairement l'action créatrice de Dieu ; et tout, pour exister, exige l'action créatrice de Dieu, parce que tout, excepté Dieu, est fini et contingent.

Et comme sans la distinction réelle de l'essence et de l'existence, on ne peut prouver que tous les êtres, Dieu excepté, sont finis, à moins

---

1. « Distinctio virtualis cum contingentiae fundamento, quam supra omni enti creato vindicavimus, plane sufficit ad infinitum discrimen Deum inter et creaturas statuendum. » (P. Delmas, S. J. *Ontologia*, p. 192.)

« Ejusdem (creaturae) contingentia est radix aut ultima ratio quare, cum fundamento in re, in creato distinguimus ejus existentiam ab actuali essentia... » (P. Piccinelli, S. J. *Disquisitio de essent. et exist.*, pp. 162 et 163.)

de supposer qu'ils sont créés, de même on ne peut prouver que Dieu est infini, à moins de supposer qu'il est créateur. On peut, il est vrai, arriver par cette voie à démontrer que Dieu est *infini dans son être*. Supposé et admis le fait de la création, ce fait suffit à établir avec évidence qu'en Dieu le pouvoir et l'activité sont infinis. Ce procédé est logique. La création démontre un pouvoir infini dans la cause créatrice, puisque l'effet produit, quoique fini quant à la réalité de sa substance, requiert une vertu sans limites, quant à ce mode de production qui est le passage du néant à l'être : *productio rei secundum totam suam entitatem ex nihilo sui*[1].

Mais la difficulté demeure toujours. Comment prouve-t-on que Dieu est le créateur de toutes choses? Comment se fait-il que les choses, pour exister, aient besoin d'être créées par Dieu et de recevoir de Lui l'acte d'exister?

Il n'y a pas, à notre avis, d'autre moyen, pour éviter la pétition de principe dans ce grand problème de la « philosophie première », que de suivre la voie royale magistralement tracée par saint Thomas. Elle conduit d'une part à cette vérité : En Dieu l'existence est son essence même (*In Deo non est aliud essentia ejus*), et d'autre part à cette seconde vérité qui complète la première : En tous les autres êtres, l'essence de la chose et son existence sont distinctes (*in omnibus aliis differt essentia rei et esse ejus*[2]. »

VI.

LA NOTION DE DIEU ÊTRE INFINI.

Certains adversaires de la distinction réelle entre l'essence et l'existence dans les créatures semblent croire que l'idée d'infini se forme en nous sans travail et sans difficulté. Elle surgirait dans l'intelligence sans effort de raisonnement et par voie de simple

---

1. « Quamvis igitur creare aliquem effectum non demonstret potentiam infinitam, tamen creare ipsum in nihilo demonstrat potentiam infinitam. » (I P., q. 45, a. 5, ad 3.)

2. « Est autem hoc de *ratione causali* quod sit aliquo modo compositum, quia ad minus *esse* ejus est aliud quam *quod quid est* (I P., q. 3, a. 6, ad 1). Hoc est contra *rationem facti* quod *essentia* rei sit ipsum *esse* ejus, quia *Esse subsistens* non est *esse creatum*. » (*Ibid.*, q. 7, a. 2, ad 1.)

intuition [1]. Pour eux, l'idée de Dieu Être infini serait une idée innée ou quasi innée que l'âme porterait en elle, à son entrée dans le monde, comme le premier rayon de lumière destiné à éclairer les régions de la pensée. Ils soutiennent, en effet, que l'idée d'être, la première qui brille en notre intelligence, représente tout d'abord et tout spécialement l'Être infini [2]. De cette idée, prise comme point de départ, ces philosophes concluent immédiatement à l'existence de Dieu. Leur argumentation, certainement originale, est en même temps si simple qu'on peut la ramener à cet enthymème : « L'existence appartient à l'essence de Dieu ; donc Dieu existe essentiellement. » Comment prouvent-ils la proposition antécédente de cet argument? En recourant à l'idée d'infini dont la réalité objective apparaît à notre esprit comme une chose existant nécessairement et impliquant dans son essence même l'acte d'exister : *Ratio objectiva Entis infiniti necessario objicitur ut aliquid essentialiter per se actu existens.*

Le plus étonnant, c'est que ces auteurs attribuent à saint Thomas cette manière de penser et de raisonner. Ils ajoutent, avec une tranquillité sereine, que cette doctrine est commune dans l'École, comme si ces noms mal définis d'*École* et de *philosophie scolastique* ne servaient pas à désigner des systèmes bien différents, opposés même et s'excluant mutuellement [3].

Il est vrai que saint Thomas place la différence caractéristique de l'Être infini et de l'être fini en ce que l'essence du premier s'iden-

---

1. « Aspectus mentis clare hæc... Realitatem objectivam Infiniti, cujus repræsentatio immediate per se, ut factum primum, obversatur animo. — Specularis cognitio... sine ratiocinio. » (Lepidi, *Philosoph. christiana*, vol. 3e, pp. 348 et 349.)

2. « Quamobrem quærenti : quale sit cum præcisione elementum ontologicum entis? respondendum est : Primario est Esse divinum imperfectissime repræsentatum in mente, secundario autem sunt omnes res creatæ possibiles vel actu existentes, prout in essendo aliquam similitudinem habent cum Deo ac inter se. » (*Id.*, *ibid*, vol. 2o, p. 36, in nota.

3. « Hæc distinctio essentiæ et existentiæ in ente finito non fit ex præcisione formali quæ se tenet tota ex parte intellectus, sed ex præcisione objectiva, quia reipsa ratio objectiva cujuslibet entis finiti non includit essentialiter notionem actualis existentiæ; objicitur enim ipsa ut aliquid ex se indifferens ad existendum vel non existendum. Contra ratio objectiva Entis infiniti necessario objicitur ut aliquid essentialiter per se existens. Merito proinde *schola universa* in eo discrimen finiti et Infiniti proprie recognoscit quod Infinitum sit suum esse subsistens, in quolibet autem finito aliud sit essentia et aliud existentia. » (Lepidi, *Philosophia christiania*, vol. 2, page 91.)

tifie avec sa propre existence, tandis que dans le second l'essence et l'existence sont choses distinctes. Mais cette réelle distinction, tous les auteurs scolastiques l'admettent-ils? Scot l'admet-il? Durand et Suarez l'admettent-ils? Ce sont cependant des chefs d'école parmi ceux qu'on désigne sous le nom vague de philosophes scolastiques. Pourquoi dès lors attribuer à tous la même pensée sur les questions capitales relatives à l'essence et à l'existence? Pourquoi confondre tous ces systèmes sous le nom imprécis de *Schola universa?* D'autre part, si on affirme que, dans les êtres finis, l'essence est une chose et l'existence une autre chose, pourquoi nier la réelle distinction? Et si cette distinction réelle est la raison radicale de la différence entre l'être fini et l'Être infini, pourquoi dire qu'il n'y a aucun inconvénient à la nier, et que cette négation ne donne lieu à aucune conséquence inadmissible? Que si, dans l'être fini, l'essence est identique à l'existence, pourquoi donner une si grande importance à l'identité de l'une et de l'autre lorsqu'il s'agit de l'Être infini? Nous voilà acculés, sans issue possible, à la pétition de principe signalée plus haut. Il faut de nouveau recourir à la contingence et à la dépendance des êtres finis ou bien entrer pleinement dans la voie tracée par saint Thomas, admettre avec lui la thèse de la réelle distinction et proclamer que cette thèse est la vérité fondamentale de la philosophie chrétienne.

Plus difficile et plus complexe est le procédé que suit le docteur angélique pour arriver jusqu'à la notion de Dieu Être Infini. Saint Thomas ne confond pas l'idée d'être en général avec l'idée de l'Être Infini. Il s'applique au contraire à déterminer avec précision chacune de ces deux notions, en distinguant entre l'*être abstrait d'abstraction logique* et l'*Être Abstrait d'abstraction réelle*, ou — en d'autres termes — entre l'*être-idée* que l'analyse retrouve au fond de toutes les autres idées, et l'*Être subsistant*, séparé de toute matière, de tout sujet et de toute potentialité[1].

De plus, saint Thomas ne pense pas qu'on puisse s'élever jusqu'à Dieu en partant de l'idée d'être et sans passer par les créatures.

---

1. « Divinum Esse est absque additione, non solum cogitatione, sed etiam in rerum natura, et non solum absque additione, sed etiam absque receptibilitate additionis. » (*Cont. Gent.*, L. I, c. 26.) — « Aliquid cui non fit additio potest intelligi dupliciter... Primo igitur modo, esse sine additione est Esse divinum; secundo autem modo, esse sine additione est esse commune. » (I P., q. III, a. 4, ad 1.)

Il n'admet pas que le premier élément ontologique du concept d'être soit la réalité divine elle-même[1]. Pour aller à Dieu, saint Thomas suit l'itinéraire marqué par le livre de la Sagesse et indiqué par saint Paul : « *A creatura mundi, per ea quæ facta sunt*[2], c'est-à-dire : *ex motu rerum sensibilium, ex ordine causæ et effectus, ex rerum corporalium contingentia, ex diversis rerum gradibus in essendo, ex ordine universi corporei et inanimati*. Telle est la voie suivie par le saint docteur. C'est celle que l'on doit suivre si l'on veut démontrer d'une façon rationnelle et scientifique l'existence de Dieu. Le point de départ de cette démonstration est toujours un fait réel, affirmé par le témoignage des sens. De ce fait, la raison éclairée par la lumière des principes métaphysiques les plus évidents arrive, par une marche ascensionnelle et sûre, jusqu'au premier Moteur immobile, jusqu'à la première Cause, jusqu'au premier Être nécessaire, jusqu'à la première Intelligence. Telle est la première notion vraiment philosophique que nous pouvons avoir de Dieu. C'est l'idée de Dieu considéré comme Être suprême, comme première Cause, comme premier Ordonnateur du monde[3].

L'idée de Dieu considéré comme Être Infini vient ensuite. Ce n'est que plus tard, en effet, que notre raison acquiert avec clarté et précision la notion philosophique de l'Être Infini. Il lui faut, pour y parvenir, parcourir tout le trajet qui, dans la *Somme théologique*, va de la question II, article 3 (*Utrum Deus sit?*), jusqu'à la question VII, article 1 (*Utrum Deus sit infinitus?*), et qui, dans la *Somme contre les Gentils*, unit le chapitre III (*Rationes ad probandum Deum esse*) au chapitre XLIII du Livre I (*Quod Deus est infinitus*). Entre ces deux points extrêmes s'élève, comme une pyramide de lumière, dans la *Somme théologique*, l'article 4 de la question III (*In Deo non est aliud essentia et aliud esse ejus*), et dans la *Somme contre les Gentils* le chapitre XXII du livre I (*Quod in Deo idem est esse et essentia*). Voilà la voie que parcourt saint Thomas pour parvenir à la vraie notion de Dieu Être infini. La

---

1. « Elementum primarium ontologicum conceptus entis esse Deum : ex idea entis argumentando inferri potest existentia Dei, non autem existentia aliarum rerum; ex idea entis ratiocinando colligitur existentia Entis perfectissimi per se subsistentis. » (Lepidi, *Phil. christ.*, vol. 2°, pp. 35 et 36.)

2. *Ep. Rom.*, I, 20.

3. I P., q. II, a. 3; q. XII, a. 12 et 13; q. LXXXVIII, a. 3.

formation de cette idée exige des procédés multiples et complexes ; elle suppose un travail philosophique que le saint Docteur analyse, en ses deux *Sommes*, avec sa maîtrise et sa profondeur habituelles.

A ses yeux, l'identité de l'essence et de l'existence divines implique une grandeur et une transcendance de perfection que ces mêmes expressions ne peuvent signifier si, avec certains philosophes, l'on n'hésite pas à soutenir que dans les créatures elles-mêmes l'essence n'est pas réellement distincte de l'existence. Pour avoir une idée de l'importance que saint Thomas donne à cette thèse, il suffit de lire attentivement les arguments invoqués sur lesquels il l'appuie. Il prend comme base de son argumentation les cinq attributs divins nettement mis en évidence dans les cinq preuves de l'existence de Dieu. L'identité de l'essence et de l'existence en Dieu est rigoureusement déduite des notions de premier Moteur immobile, de première Cause, d'Être nécessaire, d'Être premier, de première Intelligence ordonnatrice. Que les adversaires de la distinction réelle entre l'essence et l'existence dans les choses créées veuillent bien considérer la valeur de haute signification que saint Thomas donne à ces expressions : *identité de l'essence et de l'existence*. Cette identité, selon saint Thomas, est propre à Dieu seul ; elle n'appartient qu'à Lui ; elle lui appartient au même titre que les attributs d'Être nécessaire, de premier Moteur, d'Être suprême, d'Acte pur *in linea entis*. Que ce soit là la pensée de saint Thomas, il suffit pour le constater de relire dans la *Somme théologique* l'article 4 de la question III (I P.), et dans la *Somme contre les Gentils* le chapitre XXII du Livre I. On y trouve exposés les arguments philosophiques qui servent à établir la thèse de l'identité de l'essence et de l'existence divines. La profondeur de ces démonstrations suffit à indiquer combien haute et profonde est la vérité démontrée. Que nos adversaires veuillent étudier et méditer ces preuves. Ils se convaincront que si saint Thomas recourt à de tels arguments, il ne doit être ni évident ni facile de prouver que, dans les créatures elles-mêmes, l'essence s'identifie avec l'acte d'exister.

· C'est donc de cette identité d'essence et d'existence que part saint Thomas pour inférer les autres attributs divins, y compris l'attribut d'Être Infini et son unité. Il prouve ensuite rigoureusement que tous les autres êtres ont été produits par Dieu, l'Être par essence, quant à toute la réalité participée qu'ils possèdent. C'est dire que toutes choses ont été produites du néant, totalement, sans présupposition de matière quelconque ayant servi à leur formation. La matière première elle-même, en ce qu'elle contient de réalité, a été créée. C'est ainsi que, prenant au point de départ l'identité en Dieu de l'essence et de l'existence, et déduisant de là la notion de Dieu, Être Infini, et Être Infini unique, saint Thomas parvient à démontrer la vérité de la création : *Necesse est, omne ens, quod quocumque modo est, a Deo esse creatum*[1].

Lorsqu'on considère attentivement les analyses profondes que fait le saint Docteur (I P., q. VII, a. 1, et *Cont. Gent.*, L. I, c. XLII) pour déterminer avec précision la notion de Dieu Être Infini, on est tenté de sourire en entendant ceux qui nient la thèse de la réelle distinction, ou considèrent cette question comme oiseuse, nous parler de l'idée d'Être Infini comme d'une idée acquise sans difficulté, *sine ratiocinio, per simplicem intuitum et apprehensionem mentis,* adopter ensuite, en dépit de cette laborieuse facilité, la terminologie même de saint Thomas, et nous dire que toute l'Ecole s'accorde à signaler comme note caractéristique de l'Être Infini l'identité d'essence et d'existence, et comme note caractéristique de l'être fini la distinction de ces deux choses : *Merito proinde Schola universa in eo discrimen finiti et Infiniti proprie recognoscit quod Infinitum sit suum Esse subsistens, in quolibet autem finito aliud sit essentia et aliud existentia.* Pourquoi cette confusion d'idées? Ce qui est *aliud et aliud* ne peut être *unum et idem.* Et si, à leurs yeux, l'essence et l'existence des choses créées sont *unum et idem*, pourquoi nous parler de *aliud et aliud?* La science humaine se réduirait-elle donc à un pur conceptualisme ou à un vain nominalisme?

On va plus loin ; on insinue que saint Thomas, dans la *Somme contre les Gentils*, n'affirme et n'établit d'autre distinction entre l'essence et l'existence des choses créées qu'une distinction de seule raison, purement logique. Dans ce cas, pourquoi tous ces efforts? Pourquoi cette vaine dépense de travail entrepris par le saint Docteur dans le but d'établir que, si on ne distingue pas dans les créatures *id quod est* et *esse, substantia* et *actus substantiae,* toutes les choses sont une seule substance, infinie, incréée, acte pur *in linea entis,* être par essence, la substance divine en un mot? Ne voit-on pas

1. I P., q. XLIV, a. 1 et 2; q. LXI, a. 1; q. LXV, a. 1.

que, par ce chemin, on aboutit logiquement au panthéisme et à la négation de la création?

De plus, lorsque le Docteur angélique écrit au même endroit (ch. LIII) : *In substantia intellectuali creata inveniuntur duo, scilicet substantia ipsa et esse ejus quod non est ipsa substantia..., ipsum autem esse est complementum substantiae existentis. Ipsum igitur esse inest substantiis creatis ut quidam actus earum*, faut-il entendre ces paroles dans le sens d'une distinction de pure raison? Si la substance et l'acte d'exister, considérés dans la même substance existante, sont aux yeux de saint Thomas *deux choses*, pouvons-nous dire que, selon lui, elles sont *une seule et même chose*? Si dans les anges, l'essence et l'existence sont réellement identiques, pourquoi saint Thomas dit-il : *In substantia intellectuali creata inveniuntur duo scilicet ipsa substantia et esse ejus, quod non est ipsa substantia*[1]?

Bien mieux — et ceci paraît plus extraordinaire, — certains auteurs s'efforcent, dans leurs livres de philosophie, de prouver l'identité entre l'essence et l'existence dans les choses créées, en prenant comme moyen de démonstration la doctrine de saint Thomas sur la création : *Demonstratur identitas essentiae et existentiae in rebus creatis ex doctrina S. Thomae circa creationem*[2]. Est-ce là com-

---

1. *Cont. Gent.*, L. II, cap. LII, LIII, LIV.

2. Carol. Frick, S. I. — *Ontologia* sive *Metaphysica generalis*, l. I, cap. II, art., § 2. De essentia et existentia. Edit. 1904, pag. 51 et seq. — Le troisième argument pour prouver que dans les créatures il n'y a pas de distinction réelle entre l'essence et l'existence est tiré « *ex conceptu creationis secundum doctrinam S. Thomae* » — « *Secundum veram et claram doctrinam S. Thomae.* — Confirmatur thesis ulterius ex doctrina S. Thomae.* » — Et quels sont ces textes si clairs du saint docteur? Les principaux sont les suivants :

1º *De Potentia*, quaest. 3. a. 5 : *Utrum possit esse aliquid quod non sit a Deo creatum?* Et videtur quod sic... « Omnia quae a Deo sunt facta dicuntur esse Dei creaturae. Creatio autem terminatur ad *esse*; prima enim rerum creatarum est *esse*, ut habetur lib. de causis, prop. 4. Cum ergo quidditas rei sit praeter *esse* ipsius, videtur quod quidditas rei non sit a Deo. — Ad secundum dicendum quod ex hoc ipso quod *quidditati esse* attribuitur, non solum *esse*, sed ipsa *quidditas* creari dicitur, quia antequam esse habeat, nihil est, nisi forte in intellectu creantis, ubi non est creatura, sed creatrix essentia. »— Que si le lecteur ne trouve pas suffisamment claire la doctrine contenue dans ce texte, qu'il lise la réponse que donne saint Thomas dans l'article 1 de cette même question 3, ad 16 : « Dicendum quod Deus simul dans *esse* producit *id* quod *esse* recepit, et sic non oportet quod agat *ex aliquo praesupposito.* » De ces deux réponses, il résulte a) que sans réelle composition d'essence et d'existence, il n'y a pas création; b) que Dieu, par

prendre le sens de l'article 1, question XLIV, et de l'article 1, question LXI (*Summ. theol.*, I P.)? Mais le comble de l'aveuglement auquel peuvent, en matière d'opinion et de critique, conduire les préjugés d'école, se trouve dans l'interprétation donnée par d'autres écrivains récents. Ceux-ci sont allés jusqu'à écrire, en toutes lettres, que saint Thomas, dans le cours de sa vie scientifique, a consacré tous ses efforts à réfuter la thèse de la distinction réelle entre l'essence et l'existence dans les choses créées. C'est là une des plus étranges découvertes dont puisse se glorifier l'érudition moderne, faisant parade de ses conquêtes et de ses triomphes dans les colonnes du *Dictionnaire de Théologie catholique*[1].

l'action créatrice, produit les deux éléments constitutifs de toute créature *in linea entis*, à savoir : *esse* et *id* quod *esse* recipit.

IIo Autre texte clair et remarquable (*Sum. theol.*) I, quæst. 45, a. 5, ad 1) : Sicut hic homo participat humanitatem, ita quodcumque ens creatum participat, ut ita dixerim, naturam essendi. » Le P. Frick dit à ce propos : « Atqui hic homo secundum doctrinam S. Thomae non realiter distinguitur a sua humanitate; ergo etiam ens creatum non distinguitur realiter a suo esse. » A cela, nous répondons : 1o Que saint Thomas complète son texte en ajoutant : « Quia solus Deus est suum esse, ut supra dictum est q. 3, a. 4 », par conséquent *ens creatum distinguitur realiter a suo esse*; 2o que saint Thomas enseigne I. q. 3, a. 3 : « Id quod est *homo* habet in se *aliquid* quod non est *humanitas*, et propter hoc non est *totaliter idem* homo et humanitas »; 3o que saint Thomas, en suivant cette voie, conclut à la réelle distinction de l'essence et de l'existence dans les créatures (*Qaod* 1. 2., a. 3) : « Quandocunque autem aliquid praedicatur de altero per participationem, oportet ibi *aliquid* esse praeter *id* quod participatur, et ideo in qualibet creatura est aliud *ipsa creatura* quae habet esse, et ipsum *esse* ejus. Et hoc est quod Boetius dicit in lib. *de hebdom.* quod in omni eo quod est citra Primum, aliud est *esse* et *quod est...* Sic ergo in Angelo est compositio ex essentia et esse, non tamen est compositio sicut ex partibus substantiae, sed sicut ex *substantia* et *eo* quod adhaeret substantiae. »

Et pourquoi le P. Frick ne cite-t-il pas aussi les sept arguments par lesquels saint Thomas prouve (*Lib.* II, *Cont. Gentes*, cap. 52) la distinction réelle, dans les anges, de la substance et de l'acte d'exister? Ces arguments ne sont-ils pas vraiment de saint Thomas? Ne sont-ils pas clairs, *secundum veram et claram doctrinam S. Thomae?*

1. « Saint Thomas a constamment rejeté avec Averroès la *distinction réelle* de l'essence et de l'existence qu'admettait Avicenne. » (*Dictionnaire de Théologie catholique* Vacant., Fasc. xxviii, Dieu (son existence), col. 931.)

Un peu plus loin, dans le même article, le même auteur écrit, il est vrai : « Il nous suffit de retenir que, de la double potentialité du fini simple, d'après Averroès, S. Thomas ne retient qu'une seule, celle qui vient de la *composition réelle* de l'essence et de l'existence. » (*Ibid.*, fascic. xxix, Dieu (sa nature selon les scolastiques), col. 1221.)

Mais alors, à laquelle de ces deux affirmations devons-nous nous arrêter? On nous dit : 1o que S. Thomas rejette la réelle distinction d'essence et d'existence

Nous ne voulons pas juger ces auteurs qui, avec la meilleure intention sans doute, en viennent à réduire les deux *Sommes* de saint Thomas à deux éternels monuments de pur conceptua-

dans les créatures ou dans les être finis (*Dict. de Théol. cathol.*, fascicule xxviii); 2º que S. Thomas admet la *composition réelle* d'essence et d'existence dans les êtres créés et finis (*Dict. de Théol. cathol.*, fasc. xxix). — Les lecteurs du *Dictionnaire* seraient sans doute heureux que le R. P. Chossat voulût bien, dans le fascicule xxx, montrer d'une façon claire et évidente comment ces deux affirmations s'harmonisent entre elles.

Bien d'autres affirmations, énoncées dans ce même *Dictionnaire*, ont attiré notre attention. Nous n'en citerons que trois, à titre d'exemple : 1º « Dans les êtres simples, l'*individualité* est la *nature*. Cette formule est souvent répétée par S. Thomas : *De Potentia*, q. ix, a. 1; q. vii, a. 4; *De Spiritualibus creaturis*, q. i, a. 8, ad 4um... » Cette affirmation de l'angélique Docteur est, d'après le R. P. Chossat, difficilement conciliable « avec le *Quodlibetum* II, q. ii, a. 2, où il est dit que l'*individualité* de l'ange est un accident. » *Dict. de Théol. cathol.*, col. 1221.) — Il est certain que, d'après la doctrine constante de S. Thomas, les anges s'individualisent par leur propre essence et que, en eux, les principes d'individualisation ne se distinguent pas réellement de la nature spécifique. Dans l'ange, l'individu et l'essence sont identiques. L'idée de *suppôt* ou de *personne* ajoute, selon S. Thomas, quelque chose à l'idée d'individu. Ce que nous croyons inexact, c'est la seconde affirmation du P. Chossat : « L'individualité de l'ange est un accident. » S. Thomas s'exprime ainsi : « *Ipsum esse Angeli est præter essentiam seu naturam; et alia quædam ei accidunt quæ omnino pertinent ad suppositum, non autem ad naturam.* » — Il ne s'agit pas là des principes d'individualisation, mais de l'acte d'exister, de l'*esse*, que S. Thomas oppose à l'essence ou à la nature de l'ange, pour l'en distinguer. C'est l'*esse*, l'existence, l'*acte* de la nature angélique que S. Thomas place parmi les prédicats accidentels de l'ange. — Mais, là encore, il convient d'avancer avec prudence, pour ne pas tomber dans l'erreur d'Avicenne, que précisément S. Thomas réfute au liv. IV des *Métaphysiques*, leç. i, lorsque, tout en affirmant la réelle distinction d'essence et d'existence, il ajoute : « *Esse* enim rei quamvis sit aliud ab ejus *essentia*, non tamen est intelligendum quod sit aliquid superadditum ad modum accidentis, etc., etc... » En quels sens, dès lors, l'*esse* de l'ange et de toute créature est-il un accident? S. Thomas le déclare *ex professo* en plusieurs endroits, en particulier dans le *Quodlibet* xii, art. 5 : « *Utrum esse Angeli sit accidens ejus? — Accidens dicitur large omne quod non est pars essentiæ; et sic est in rebus creatis, quia in solo Deo esse est ejus essentia.* » Dans la quest. V, *De Potentia*, art. 4, ad 3, il dit : « *Esse non dicitur accidens quod sit in genere accidentis, si loquamur de esse substantiæ; est enim actus essentiæ, sed per quamdam similitudinem, quia non est pars essentiæ, sicut nec accidens.* » Il n'est donc pas si difficile de concilier ces diverses affirmations de S. Thomas. Il suffit pour cela d'admettre la réelle distinction d'essence et d'existence, non comme l'admettaient Averroès ou Avicenne, mais comme l'enseigne S. Thomas lui-même. Toute antinomie, toute contradiction disparaissent alors. L'*existence*, l'*esse*, l'acte de la nature substantielle de l'ange et des autres créatures est un *accident*, non prédicamental, mais prédicable. C'est un *accident*, puisque ce n'est ni l'essence, ni la substance, ni une partie de l'essence, — *nec est genus, nec differentia, nec species*, — mais c'est : *actualitas cujuslibet formæ existentis, sive sine materia, sive cum materia.*

lisme et de colossale tautologie; comme si la sublime synthèse
de l'Ange de l'Ecole n'était qu'un *flatus vocis*, et la solidité de son
argumentation ainsi que la sublimité de sa doctrine un vain jeu
d'idées et de mots ! Nous nous bornerons à rappeler ce que disait à
ce propos un théologien de la Compagnie de Jésus : *Quod existentiam in creaturis omnibus re distinguat* (D. Thomas) *ab essentia,
id enim negare vel in dubium revocare, hominis est, aut impu-
dentis, aut in ejus doctrina peregrini*[1].

Esse est complementum omnis formæ. — *Esse est complementum substantiæ
existentis.* » Ainsi parle toujours S. Thomas. Cf. *Quodl.* xii, a. 5; II *Cont.
Gent.*, cap. lii et liii, *et alibi passim.*

IIo Il y a un autre point qui nous paraît manquer d'exactitude dans l'article
du P. Chossat, col. 1201. On y lit : « Il s'agit ici, il est bon de le remarquer, de
l'*infinité positive* de Dieu (*Summ. theol.*, q. xiii, a. 11; *De Veritate*, q. xxix,
a. 3; *De Potentia*, q. vii, a. 5), au sens de la plénitude de l'être, et non pas de ce
qu'on appelait alors l'attribut négatif spécial de l'infinité, dont il est directement
question dans la *Somme théologique*, q. vii, a. 1. » — L'infinité dont parle
S. Thomas est toujours la même, soit dans les passages indiqués, soit ailleurs.
Lorsque S. Thomas parle de cet attribut divin, il s'agit toujours de la plénitude de
l'être, de la perfection sans limites, de l'infinité positive. La preuve en est évidente
et palpable, car dans la *Somme théologique*, I, q. vii, a. 1, il conclut ainsi : « *Manifestum est quod ipse Deus sit infinitus et perfectus* », et dans l'article 2, il dit :
« *Infinitum simpliciter* », etc. — L'argument capital est toujours le même : *Esse
subsistens : quod in Deo essentia et esse sunt idem.* (I, q. iii, a. 4.)

IIIo Mais l'affirmation la plus étonnante de l'article du R. P. Chossat est celle
qui se trouve dans les colonnes 1180 et 1181 (fasc. xxix) : « Le premier scolastique dont un historien, dans l'état actuel de nos connaissances, puisse dire sans
controverse qu'il ait admis cette distinction (distinction réelle de l'essence et de
l'existence) est Gilles de Rome, quelques années après la mort de S. Thomas. Or,
Gilles de Rome prend pour point de départ de son hypothèse, d'une part le fait et
la possibilité de la Trinité, d'autre part la possibilité et la démonstration de la création... Cf. Piccirelli, *Disputatio Metaphysica*, etc., etc., etc... » Cette découverte
est inappréciable; elle vaut la découverte historique qui a voulu nous faire voir en
Bañez l'auteur de la doctrine de la prémotion physique et de la grâce efficace par
elle-même. Comme le P. Chossat nous renvoie au P. Piccirelli et que nous avons
consacré au P. Piccirelli et à sa *Disputatio Metaphysica* quelques pages de notre
livre *De Gratia et libero arbitrio*, on nous permettra de signaler ces pages au lecteur désireux de s'instruire. Il y trouvera l'histoire des deux comédies : de la
comédie qui a pour objet Bañez, et de celle qui a pour objet Gilles de Rome. Cette
dernière surpasse la première par son importance transcendentale. Cf. *De Gratia
et libero arbitrio*, P. III, cap. xi : *De Comedia Bañeziana*, pp. 404, 405, 406
et 407.

1. *De hypostasi et persona*, auctore R. P. Claudio Tiphano, doct. theol., Soc.
Jesu, cap. vi, édit. Paris, 1881.

VII.

L' « ESSE SUBSISTENS » ET L' « ESSE RECEPTUM IN ALIO ».

Voici l'argument suprême. C'est jusque-là que doit s'élever le philosophe qui veut expliquer par leurs raisons dernières l'idée de l'Être Infini et de l'être fini. Le dernier « pourquoi », la raison suffisante suprême de l'infinité absolue des perfections divines est la réelle identité de l'essence et de l'existence en Dieu. La raison suffisante dernière du caractère fini inséparable des choses créées et de leurs perfections, c'est qu'elles sont réellement composées d'essence et d'existence. C'est là, pour saint Thomas, une vérité fondamentale sérieusement et solidement établie par des arguments[1] qui défient toute critique et que les discussions soulevées autour de ce problème n'ont jamais pu ébranler. Ce que saint Thomas a écrit sur cette grave question ne peut, dans la philosophie du saint Docteur, porter le nom d'opinion. Opinion! Ceux qui n'admettent pas la pensée de saint Thomas peuvent l'appeler ainsi ; mais ils n'ont, pour le faire, d'autre motif que la difficulté où ils sont de ne pas comprendre cette haute doctrine, ainsi que le remarque très bien le P. Liberatore[2]. Si cette thèse n'avait, dans la conception philosophique de saint Thomas, que la valeur d'une simple opinion, tout dans la doctrine thomiste se réduirait à un ensemble de probabilités. Les thèses capitales de la création, de la conservation des créatures, de la motion divine, des attributs propres à l'Être Infini et à l'être fini, en un mot toutes les conclusions qui se rattachent aux grandes lignes de la métaphysique, seraient des constructions en l'air, ou du moins bâties sur le sable mouvant. Voilà pourquoi saint Thomas n'admet pas de doute possible sur ce point, aussi élevé que lumineux, qui éclaire toute sa philosophie. Lorsqu'il traite cette question, il n'hésite pas ; il n'éprouve pas la moindre crainte d'erreur ; mais il parle en toute sécurité, comme il le fait lorsqu'il s'agit

---

1. Cf. *Cont. Gent.*, L. II, cap. LII.
2. « Pars negativa non aliud argumentum revera habet nisi magnam difficultatem quam notio hujus compositionis præ se fert. Sed difficultas intelligendi aliquid nunquam mihi visa est ratio sufficiens ad illud repudiandum. » (Liberatore, *Metaphys. generalis*, cap. I, art. 3.)

d'une thèse démontrée qui n'admet ni discussion ni réplique. Cette thèse est pour lui la vérité fondamentale de la philosophie chrétienne.

C'est bien ainsi que les plus insignes commentateurs de saint Thomas ont compris sa pensée. Nous n'en mentionnerons que trois : Cajétan, Sylvestre de Ferrare et Jean de Saint-Thomas. Tous les trois, analysant l'idée de l'Être Infini, s'accordent à affirmer que la note caractéristique de l'Être Infini consiste dans l'identité réelle de l'essence et de l'existence.

Le grand commentateur de la *Somme théologique*, Cajétan, insiste pour nous faire remarquer avec quelle profondeur et quelle précision merveilleuses saint Thomas explique l'idée de l'Être Infini et déduit cette idée de la subsistance même de l'acte d'exister qui, en Dieu, est identique à la substance divine. Comparant entre elles les deux notions d'*Être Infini* et d'*Être subsistant*, il établit, avec une maîtrise qui n'a d'égale que l'acuité de son génie, comment la vraie notion de l'Être Infini découle logiquement de l'identité entre l'existence et l'essence divines. Là, en effet, où l'acte d'exister est identique à la nature substantielle de celui qui existe, l'être ne peut avoir de limites ; il n'y a pas de non-être qui puisse le limiter ; il n'y a que l'être et l'être subsistant, l'être dans toute sa plénitude, dans toute sa perfection, dans son immensité[1].

1. *Summ. theol.*, I, q. vii, a. 1 : « Illud autem quod est maxime formale omnium est ipsum esse, ut ex super. patet q. iv, a. 1. Cum igitur esse divinum non sit esse receptum in aliquo, sed ipsum sit suum esse per se subsistens, ut supra ostensum est q. iii, a. 4, manifestum est quod ipse Deus sit infinitus et perfectus. »

Quæst. disput. de Potentia, q. i, a. 2 : « Unde patet quod Deus est infinitus : quod sic videri potest. Esse enim hominis terminatum est ad hominis speciem, quia est receptum in natura speciei humanæ ; et simile est de esse equi vel cujuslibet creaturæ. Esse autem Dei, cum non sit in aliquo receptum, sed sit esse purum non limitatur ad aliquem modum perfectionis essendi, sed totum esse in se habet, et sic sicut esse in universale acceptum ad infinita se potest extendere, ita Divinum Esse infinitum est, et ex hoc patet quod virtus vel potentia sua activa est infinita. »

Cajetanus in I P., q. vii, a. 1 : « Littera enim ex infinitate formæ quæ est secundum quid, manuducit ad infinitatem formalissimi omnium, id est, *esse*, quæ est simpliciter ; et ex illa infert Deum infinitum simpliciter... Et adverte quam formalis et ex propriis doctrina sit S. Thomæ. De essentiæ namque infinitate agens, essentiales terminos tantum lustravit, nec digressus est ad concomitantia, penes quæ attenditur infinitas potentiæ, aut intellectus, aut voluntatis, ut alii minus perspicaces faciunt. »

Cajetanus in I P., q. xiii, a. 11 : « Et scito quod ly *Qui est*, ut appropriatum

Sur ce point capital, le commentateur de la *Somme contre les Gentils* se trouve d'accord avec Cajétan. Sylvestre de Ferrare, en effet, emploie les termes de ce dernier; il explique dans le même sens les arguments de saint Thomas; il répond de la même façon aux objections de Scot. Pour lui, l'idée de l'Être Infini est la conséquence logique de l'identité entre la substance divine et l'acte d'exister; pour lui aussi, l'idée de l'être fini est nécessairement liée, comme un effet est lié à sa cause, à la réelle composition de substance et d'existence dans les choses créées[1].

seu primum analogatum nomen est, unicum tantum conceptum formalem importat; ita quod non componitur ex duobus conceptibus, ut *color albus*, neque ut *ens per se*, neque ut *summum bonum*, neque ut *ens infinitum*. Et cum tanta simplicitate explicat pelagus Infinitæ substantiæ. Imo, si recte ac perfecte concipiatur, explicat *quasi causam* quare Deus sit Ens Infinitum; non enim quia ens infinitum, ideo est *Qui est;* sed quia est *Qui est*, ideo esse infinitæ perfectionis est. — Unde non recte sensisse videtur Scotus in I Sent., dist. 3, q. 1, dicens quod simplicior et perfectior conceptus proprius Dei, nobis possibilis, sit conceptus hujus nominis : *Ens Infinitum*. Jam enim patet quod conceptus ly *Qui est*, simplicior, perfectior ac prior est. »

Dans les commentaires in I P., q. VII, a. 1, Cajétan répond à Scot en ces termes : « Concedo quod *esse* prius natura est in seipso tantæ perfectionis, puta finitæ vel infinitæ, quam sit *receptibile* vel *irreceptibile* in hoc vel illo; cum hoc tamen dico quod hæc mutuo se consequuntur; ita quod si esse est omnino irreceptibile, est infinitum simpliciter, et e converso; et similiter, si est finitum, est receptibile. Et propterea potest argui a destructione antecedentis ad destructionem consequentis absque sophismate, ut in convertibilibus contingit. Et sic patet responsio ad Scotum. »

1. *Summ. Contr. Gent.*, L. I, c. XLII : « Omnis actus, alteri inhærens, terminationem recipit ex eo in quo est, quia quod est in altero est in eo per modum recipientis. Actus igitur in nullo existens, nullo terminatur... Deus autem est actus nullo modo in alio existens, quia non est forma in materia, ut probatum est, cap. XXI et XXVII; nec *esse* suum inhæret alicui *formæ* vel naturæ, cum ipse sit suum *esse*, ut supra, cap. XXII, ostensum est. — Relinquitur ergo ipsum esse infinitum. »

Ibid., L. II, cap. LII : « Impossibile est quod sit duplex esse infinitum... Esse autem subsistens oportet esse infinitum, quia non terminatur aliquo recipiente. Impossibile est igitur esse aliquod esse subsistens, præter Primum. »

SYLVESTR. FERRAR., *in* L. I, cap. XLII : « Adverte quod licet *duos modos* limitationis *esse* S. Thomas tangat, scilicet : *a)* ex causa productiva, *b)* et ex susceptivo, — tamen unus ad alium de necessitate consequitur. Nam si (esse) in aliquo recipiatur, oportet ut ab aliqua causa producatur, cum nihil seipsum de *non esse* ad *esse* producat. Similiter, si habet causam productivam, oportet quod ejus sit aliquod susceptivum, quia esse, ut superius ostendimus, non est *hoc finitum* et determinatum, nisi quia est *hujus*, aut actu, aut aptitudine, aut proportione. »

Id. in lib. II, cap. LII : « Cum *esse* non possit limitari per differentias formales, ens quod nihil ipso actualius sit, necesse est, si ad gradum aliquem determinari debeat, ut per *susceptivum* determinetur; non enim potest aliquod commune multiplicari realiter, nisi aut per differentias, aut per susceptivum. Si ergo ponatur

Jean de Saint-Thomas, suivant le sillon lumineux de Cajétan et de Sylvestre de Ferrare, remarque à ce propos que toutes les raisons invoquées pour établir que Dieu est infini dans son être et que les autres choses sont nécessairement limitées et circonscrites, arrive logiquement au terme de son analyse à l'affirmation de la même vérité : *In Deo idem est esse et essentia, in omnibus autem aliis differt essentia rei et esse ejus.*

On peut sans doute prouver que Dieu est infini parce qu'il a tout créé et que la création suppose une puissance infinie. Mais cet argument, excellent en lui-même, ne considère que le *modus operandi;* il doit nous conduire plus loin, jusqu'au *modus essendi* de Dieu. Le *modus essendi* de Dieu trouve à son tour sa raison explicative dans l'identité de l'essence et de l'existence divines : *Impossibile est quod in Deo aliud sit esse et aliud essentia ejus*[1]. De même tout ce qui n'est pas Dieu a été créé par Lui; donc toutes les créatures sont finies; leur être est limité. Supposée, en effet, la vérité de la création, on en conclut légitimement que toute créature est limitée dans ses perfections; mais on en doit conclure aussi que, en toute créature, la nature se distingue de l'acte d'exister. On arrive ainsi à la distinction réelle de ces deux éléments constitutifs de l'être créé : *In substantiis intellectualibus differt esse et id quod est.* Pourquoi? Saint Thomas nous le dit en ces termes dans la *Somme contre les Gentils :* « *Esse autem ab alio causatum non competit enti in quantum est ens, alias omne ens esset ab alio causatum, et sic oporteret procedere in infinitum in causis, quod est impossibile. Illud igitur esse quod est subsistens, oportet quod sit non causatum; nullum igitur ens causatum est suum esse*[2]. Dans la *Somme théologique,* il donne une réponse analogue, en termes plus clairs : « *Omne compositum habet causam. Quæ enim secundum se diversa sunt non conveniunt in aliquod unum nisi per aliquam causam adunantem ipsa... Est autem de ratione causati quod sit aliquo modo compositum, quia ad minus esse ejus est aliud quam quod quid est*[3]. »

nullum habere reale susceptivum, et cum hoc non est per differentias divisibile, oportet ut ad nullum gradum essendi sit limitatum, et per consequens oportet ut sit *purum esse et infinitum.* »

1. I P., q. III, a. 4; q. XLIV, a. 1; q. LXI, a. 1.
2. *Cont. Gent.,* L. II, cap. LII.
3. I P., q. III, a. 7, in corp., et ad 1.

Inutile d'insister. Quelle que soit la voie suivie par le philosophe, il recontrera toujours ces deux colonnes d'Hercule qui sont le *non plus ultra* de tous les grands problèmes métaphysiques. C'est ce que saint Thomas signale en ces termes : *Hoc est contra rationem facti quod essentia rei sit ipsum esse ejus, quia Esse subsistens non est esse causatum. Unde contra rationem facti est quod sit simpliciter infinitum* [1].

Telle est la raison pour laquelle Jean de Saint-Thomas affirme que l'argument capital par lequel on démontre l'infinité absolue de l'être et des perfections de Dieu est fondée sur l'identité de l'essence et de l'existence divines [2]. Répondant à Vazquez, à Suarez et à tous les adversaires de la réelle distinction entre l'essence et l'existence des choses créées, Jean de Saint-Thomas leur dit : « Quoique du seul fait de leur création on puisse conclure que les choses créées sont finies, on ne peut cependant pas prouver philosophiquement la création sans recourir à la réelle composition d'essence et d'existence dans les choses créées [3]. »

1. I P., q. vii, a. 2, ad. 1.

2. « Ex dictis ferri potest judicium de aliis rationibus, quibus probari solet infinitas divina ab aliis auctoribus, et plures ex illis affert D. Thomas, l. I, *Cont. Gent.*, cap. xliii; sed sunt rationes quasi *a posteriori;* istæ autem quæ hucusque explicavimus, sunt quasi *radicales* et *fundamentales;* et ideo difficiliores ad penetrandum. » (*Curs. theol.*, t. I, q. viii, primæ Part., disput. 7, a. 1.)

3. Il nous paraît utile de reproduire dans son intégrité la réponse que fait Jean de S. Thomas à Suarez et à Vazquez :

« Ad id quod addit P. Vazquez negatur existentiam non distingui ab essentia creata, ut superius satis probatum est. Sed quia hoc *in opinione aliquorum*, versatur, et *infinitas* Dei non debet probari dependenter *ab aliqua opinione*, addo : Quod *in opinione non distinguente existentiam ab essentia actuali*, adhuc urget ratio D. Thomæ, quia licet existentia entitative sit idem cum natura subsistente, tamen *illud exercitium* procedendi ab alio per productionem dependenter habetur ab actione alterius; et sic accidentaliter convenit ipsi rei productæ; et sic est *receptum objective et participative*, licet non sit *subjective* — At vero cum ipsum *esse* est *subsistens* taliter quod neque quoad suam entitatem, nec quoad suum exercitium processionis et productionis ab alio habet *esse receptum*, et accidentaliter conveniens tam subjective quam objective : tale *esse* non habebit operationem vel aliquod accidens in se receptum; si enim in suo produci non dependet objective ab alio, neque in aliqua perfectione sui vel operatione dependebit. Quare hoc ipsum quod *forma aliqua est ipsum esse*, optime probatur esse infinitum; *licet apud D. Thomam non stet aliquod esse recipi objective, quin etiam sit distinctum ab essentia et recipiatur subjective.* » (J. a S. Thom., *Curs. theol.*, t. I, in I P., q. vii, a. 1, disp. 7, a. 1.)

Faisant allusion à ce texte de Jean de S. Thomas, le R. P. Chossat, S. J., a écrit dans le *Dictionnaire de Théologie catholique :* « Du moins les bannéziens

VIII.

RÉSUMÉ.

On ne peut donc, ainsi que nous venons de le montrer, établir qu'une chose est créée, s'il n'y a pas en elle composition d'acte et

anciens sont-ils toujours restés fidèles au principe qu'on ne doit pas prouver les choses certaines par des opinions controversées; c'est ainsi que Jean de S. Thomas refuse de se servir de la distinction réelle de l'essence et de l'existence pour prouver l'infinité de Dieu, parce que, dit-il, ce n'est là qu'une opinion controversée. » In I^{am}, q. vii, disp. 7, a. 1, n. 7, édit. Vivès, t. I, p. 696. — *Dictionnaire de Théologie catholique*, Vacant., fasc. xxviii, Dieu, t. I, p. 696.)

A lire ces réflexions du P. Chossat, les thomistes apprendront à être thomistes comme l'est S. Thomas lui-même : c'est-à-dire à rejeter ce qu'il rejette, à défendre ce qu'il défend, à soutenir avec fermeté ce que l'angélique Docteur affirme comme vrai. Jean de S. Thomas, pour n'avoir pas été thomiste de cette façon, a donné lieu aux observations citées plus haut. Mais rien ne justifie les remarques du P. Chossat, car : 1º il n'est pas exact de dire que J. de S. Thomas ait refusé de se servir de la réelle distinction de l'essence et de l'existence pour prouver l'infinité de Dieu; il dit, au contraire, très expressément, que l'*identité* de l'essence et de l'existence est la raison radicale et fondamentale de l'infinité divine, comme la *réelle distinction* de ces deux choses est le dernier pourquoi du caractère fini des choses créées;

2º Jean de S. Thomas enseigne ouvertement que, selon la doctrine de S. Thomas, il n'existe pas d'autre voie directe ni d'autre preuve philosophique convaincante : *Non stat aliquod esse recipi objective, quin etiam sit distinctum ab essentia et recipiatur objective*; ce qui revient à dire : les philosophes et les théologiens qui nient la réelle distinction ferment devant eux la seule voie par laquelle il leur serait possible de démontrer la création;

3º D'après S. Thomas, qui est un *bannésien* plus ancien que Bañez, la thèse : *In Deo idem est esse et essentia, in omnibus autem aliis differt essentia-rei et esse ejus*, n'est pas une opinion controversable qu'il serait impossible d'établir par des preuves démonstratives; c'est, au contraire, une vérité ferme, solidement établie, absolue, la vérité fondamentale de la philosophie chrétienne. Que le P. Chossat nous permette de lui signaler encore, à ce propos, les sept arguments du chapitre lii, dans le livre II de la *Somme contre les Gentils*.

Le tort de Jean de S. Thomas a été de n'avoir pas fermement maintenu la position de S. Thomas, et d'avoir fait à Vazquez et aux adversaires de la réelle distinction une concession qu'il ne devait pas faire. Ce fut là un tort, car : a) S. Thomas lui-même refuse de faire cette concession et rejette les formules adoucies qui ne servent à rien, si ce n'est à embrouiller des questions déjà si difficiles par elles-mêmes : *Licet apud S. Thomam non stet*, etc. Dès lors, pourquoi Jean de S. Thomas ne rejette-t-il pas lui-même ces formules?

b) Si Suarez et Vazquez nient la réelle distinction et affectent d'appeler cette thèse une *opinion*, ou — ce qui est pire — de la déclarer absurde, ils se verront dans la nécessité de prouver, d'une part, que les créatures sont finies parce qu'elles sont créées; d'autre part, qu'elles sont créées parce qu'elles sont finies;

de puissance *in linea entis*. Telle est la pensée de saint Thomas. C'est de cette composition réelle d'acte et de puissance *in linea*

c) La concession faite par Jean de S. Thomas ne sert à rien, puisque, pour les adversaires de la réelle distinction, il ne semble pas certain : *quod in* OPINIONE *non distinguente existentiam ab essentia actuali* ADHUC URGET *ratio D. Thomæ.* Comment en serait-il ainsi, si le même Jean de S. Thomas ajoute ensuite : *Licet apud S. Thomam non stet aliquod esse recipi objective, quin etiam sit distinctum ab essentia et recipiatur subjective?*

Bien plus, le P. Chossat est ici en contradiction avec Suarez qui a écrit (*Disput. Metaphys Disp.*, XXX, sect. 2) : *Et hoc modo probat S. Thomas, I P., q. VII, a. 1, Deum esse infinitum ex eo quod est ipsum esse per essentiam, in nulla essentia receptum, sed per se subsistens. Cujus rationis vim putant discipuli D. Thomæ fundari in hoc quod non distinguitur ex natura rei esse ab essentia, in creaturis autem distinguitur... Atque hoc modo intelligunt hanc rationem Cajetanus ibi, Capreolus I Sent.*, d. 43, q. 1, a. 1, *et Ferrariensis lib. I, Cont. Gent.*, c. XLIII; *eamque defendunt ab impugnationibus Aureoli*, dist. 43, et Scoti *in lib. I, Sent.*, d. 2, q. 1. — Le P. Chossat pourra se convaincre, en lisant ce texte de Suarez, que les *bannésiens préhistoriques*, ceux du temps de Scot et d'Aureolus, étaient fidèles à suivre la doctrine de S. Thomas, comme ceux d'aujourd'hui. (Voir, sur la *Comedia Baneziana*, notre ouvrage *De Gratia et Lib. arbitrio*, P. III, cap. XI. — Et voilà comment, « du moins les *bannésiens anciens* sont toujours restés fidèles au principe qu'on ne doit pas... etc., etc.; c'est ainsi que Jean de S. Thomas refuse de se servir de la distinction réelle... » — Si Suarez refuse de suivre le sillon de Capreolus, de Cajetan et de S. Sylvestre de Ferrare, est-ce parce que c'étaient des *bannésiens anciens??* Il écrit pour son compte : *Ego vero existimo rationem (D. Thomæ) non esse efficacem...* Et pourquoi? Suarez répond : *Nam etiam in creaturis falsum esse existimo essentiam et esse hoc modo comparari (ut recipiens et receptum), ut in disput. sequenti 31ª late dicturus sum.*

Les raisons de Suarez et sa dispute 31 (*De essentia entis finiti ut tale et de illius esse, eorumque distinctione*), nous les examinerons, si Dieu veut, dans l'ouvrage que nous publierons bientôt sous ce titre : *De Veritate fundamentali Philosophiæ Christianæ.*

4° Enfin, ceux qui nous parlent sans cesse des *bannésiens* pour les opposer aux *thomistes* et du *bannésianisme* comme d'un système doctrinal tout différent du *thomisme*, devraient lire Bañez un peu plus attentivement et nous citer le texte même de ce grand théologien. Nous faisons cette remarque parce que Bañez (*Comment. in I Part. Sum. Theol.*, quest. 7, a. 1), traitant ce sujet et exposant les diverses raisons par lesquelles on démontre l'infinité de Dieu, donne comme raison fondamentale et dernière l'*identité d'essence et d'existence.* Il s'exprime ainsi : « Quinta ratio et *potissima* est quam Divus Thomas facit in hoc articulo quae procedit ex illo fundamento, quod Deus est per essentiam suum esse non receptum in aliquo. » Il ajoute plus loin : « Sed quia haec ratio non ab omnibus penetratur, oportet respondere ad argumenta in oppositum. Ad 1ᵘᵐ dicitur quod *infinitum* secundum quod attribuitur Deo sumitur *negative;* et quamvis *negatio* formaliter et absolute loquendo non sit *perfectio*, tamen quaedam negationes dicuntur de Deo, quae praesupponunt fundamentaliter *maximam perfectionem* in ipso, ut quod sit *immutabilis, incomprehensibilis* ab intellectu creato etc. — Et isto modo Deum esse infinitum est maxima perfectio ». — D'où il semble bien résulter que Bañez lui-même en personne n'est pas *bannésien.*

entis que résulte pour les choses qui existent la nécessité d'avoir été créées par Dieu. C'est là aussi que se trouve la raison explicative de l'être fini. La raison explicative dernière des attributs de l'Être divin et de son infinie perfection se trouve, au contraire, dans l'identité absolue de l'essence et de l'existence. Expliquer les attributs de Dieu sans recourir à cette identité absolue et les attributs des créatures sans recourir à la réelle distinction d'acte et de puissance *in linea entis* — ou d'essence et d'existence, — c'est rendre impossible toute démonstration philosophique de la création, soit qu'on envisage celle-ci du côté de Dieu, soit qu'on la considère du côté des créatures. La démonstration qu'on essayerait d'en donner serait incomplète ou bien dégénérerait en cercle vicieux. Donner, en effet, comme preuve de la création la perfection infinie de Dieu et dire que les autres êtres sont finis parce qu'ils ont été créés par Dieu ne suffirait pas pour résoudre la question. Il faudrait ensuite dire pourquoi Dieu est infini, il faudrait ensuite chercher dans la réalité des choses pourquoi elles ont besoin, pour exister, d'avoir été créées par Dieu. Pourquoi Dieu est-il infini? On ne peut en trouver de raison autre que celle que donne saint Thomas : Dieu est infini parce que son essence et son existence sont identiques, parce qu'il est l'*Esse subsistens*, l'*Esse non receptum in alio*. Pourquoi au contraire les êtres finis ont-ils besoin, pour exister, d'avoir été créés par Dieu? Parce qu'ils sont composés de deux éléments constitutifs de toute créature *in linea entis*, à savoir : l'essence et l'existence. Saint Thomas a synthétisé cette haute et profonde doctrine dans cette simple et lapidaire formule : *Esse per se subsistens est causa omnis esse in alio recepti* [1].

On a vu plus haut comment les trois grands disciples de saint Thomas — Cajétan, Sylvestre de Ferrare et Jean de Saint-Thomas — expliquent la doctrine du maître. Invoquant son témoignage et son autorité, tous les trois considèrent comme corrélatifs : d'une part, les termes d'*Être infini* et d'*Être subsistant* (c'est-à-dire de l'être en qui l'essence et l'existence sont identiques); d'autre part, les termes d'*être fini et créé* et d'*être composé réellement d'essence et d'existence*. Un de ces termes appelle l'autre; ils sont unis et inséparables comme le sont les deux extrêmes d'une relation mu-

---

1. Quodlib. vii, a. 1, ad 1.

tuelle. *Ens per se stans ; esse creatum quod non est per se stans, quia est aliud a substantia entis creati*[1]. Voilà, selon saint Thomas, les notes caractéristiques qui distinguent l'Infini du fini, et réciproquement. L'*Esse* est l'acte de toute perfection ; s'il n'est limité ni du côté du sujet, ni du côté du prédicat, nous aurons toutes les perfections contenues d'une façon éminente en un seul acte pur qui comprendra tous les actes et toutes les formes, et dans lequel toutes les perfections seront une seule perfection, d'une absolue simplicité. Dans l'*Esse subsistens*, il n'y a pas, en effet, il ne peut y avoir de limites du côté du sujet, parce qu'il ne se distingue pas réellement du sujet : la nature ou la substance du sujet qui existe est identique à son existence elle-même ; elle est la substance même en tant qu'existante. A cause de cela, l'*Esse subsistens* est *per se stans*. Ainsi dans cette proposition : *Dieu est,* la la réalité signifiée par le mot *Dieu* est la même que la réalité signifiée par le mot *est*. Il n'y a pas non plus limitation du côté du prédicat, car toutes les perfections affirmées de Dieu sont impliquées dans l'acte substantiel. C'est pour cela qu'il n'y a pas en Dieu de perfection accidentelle. *Être* et *être sage, être* et *être bon* sont identiques en Lui comme sont identiques la substance divine et l'acte d'exister. On doit en dire autant des autres attributs divins. En Dieu, toute perfection est substantielle et subsistante. En Lui, la substance est l'existence essentielle ; elle est aussi essentiellement Sagesse, Bonté, Béatitude, etc. En Lui toutes ces perfections sont essentiellement infinies, immenses, éternelles, immuables.

Au contraire, l'existence reçue, l'*esse inhærens substantiae creatae,* est limitée, circonscrite, faite à la mesure et correspondant à la capacité de la nature dont elle est l'acte. Par cela même que cette existence se distingue réellement de l'essence ou de la substance, tout acte subséquent qui vient s'ajouter à elle est limité, fini et accidentel. La distinction réelle de l'essence et de l'existence a pour conséquence la distinction, réelle aussi, de tous les autres actes, formes ou perfections accidentelles. Distincts entre eux, ces actes, ces formes et ces perfections se distinguent aussi du sujet substantiel qui les soutient et qui les unit. C'est pour cela que dans les créatures, dans l'homme par exemple ou dans l'ange, exister est

---

1. Quodlib. x, a. 4, ad 4.

une chose, être sage, ou bon, ou juste, etc., etc., sont choses différentes. De même que la créature n'est pas par elle-même ou par
sa seule essence, de même elle n'est par son essence ni absolument
parfaite, ni complète dans la perfection relative qu'elle peut avoir.
Elle est par participation; par participation elle est sage, ou juste,
ou heureuse[1].

C'est encore dans l'identité d'essence et d'existence que se trouve
la raison d'être ou la source de l'absolue simplicité de Dieu acte pur,
de sa perfection sans limites, de sa sereine immutabilité, de son
unité, de sa puissance, de sa sagesse, de sa grandeur souveraines.
Par contre, c'est dans la réelle composition d'essence et d'existence
qu'il faut aller chercher la cause ou la raison primordiale de la
multiplicité et de la diversité des êtres créés[2].

C'est jusque-là aussi qu'on doit remonter si on veut expliquer
pourquoi les attributs de Dieu et ceux de la créature sont en opposition radicale, pourquoi les mêmes perfections peuvent être affirmées
de Dieu et des créatures, en toute vérité sans doute, mais non de la
même manière. Il n'y a entre les unes et les autres qu'une analogie
de proportion. En Dieu, ces perfections sont infinies, essentielles et
subsistantes, parce qu'elles sont identiques à la substance divine qui
s'identifie elle-même avec l'acte d'exister. Dans les créatures, au contraire, toutes les perfections sont finies, accidentelles, inhérentes au
sujet qui les possède, parce que ce sujet se distingue réellement de
son existence. C'est que tout en elles, tout, même l'existence, ou
bien l'acte de la nature substantielle, prend place parmi les acci-
dents, non prédicamentaux, mais prédicables. En elles, l'existence

----

1. « Esse dupliciter determinatur : uno modo *ex parte subjecti* quod esse habet,
alio modo *ex parte prædicati*, utpote cum dicimus de homine vel de quacumque
alia re, non quidem quod sit simpliciter, sed quod sit aliquid, puta *album* aut
nigrum. » (D. Thom. *in lib. Boet. de Hebdom.*, c. ii.)

« Aliquid determinatur dupliciter : 1º *ratione limitationis;* 2º *ratione distinc-
tionis*. Essentia divina non est quid determinatum primo modo... eo quod *esse*
ejus est divina natura subsistens : quod in nulla alia re contingit; nam quælibet
res alia habet *esse* receptum, et sic limitatum est; et inde est quod Essentia divina
ab omnibus distinguitur per hoc quod est in alio *non recipi...* » (Quodlib. vii,
art. 1, ad 1.)

2. « In *Summo* nulla diversitas esse potest, cum in Eo sit idem *esse* et *quod
est;* unde hoc sufficit ad pluralitatem ejus removendam... sed compositio quæ in
angelo invenitur (en esse et quod est) sufficit ad ejus pluralitatem. » (Quodlib. ix,
a. 6, ad 5.)

— l'*esse* — n'est ni un élément générique, ni un élément spécifique, et par suite ni l'essence ni une partie essentielle[1].

Par là, enfin, c'est-à-dire en tenant compte de l'identité de l'essence et de l'existence en Dieu, de leur distinction réelle dans les créatures, on évitera, lorsqu'on parle de Dieu et de ses perfections, le double danger d'*anthropomorphisme* et d'*agnosticisme*. Dieu *est*; les créatures *sont*. Mais les créatures ont plus de *non-être* que d'*être*. En Dieu, au contraire, il n'y a que l'*être*; il n'y a pas en Lui de *non-être*. L'existence divine est la substance même de Dieu. Dieu est l'être infini, l'acte pur *in linea entis*, subsistant par lui-même. Mais l'existence des créatures n'est pas leur substance; elle est un acte inhérent à leur substance, reçu en elle comme dans un sujet potentiel, complétant cette substance. De cette composition d'*acte* et de *puissance in linea entis* résulte un être fini, limité par la nature spécifique dont l'existence est l'acte. De l'union de ces deux éléments — *substantia et esse* — résulte l'être créé : l'*esse inhærens substantiæ*, l'*esse receptum*, renfermé en quelque sorte dans le cadre générique ou spécifique d'une nature déterminée. Cette nature, considérée en elle-même, n'est qu'une puissance subjective, une capacité potentielle et réelle à laquelle correspond l'acte d'exister. Un tel être est un composé d'essence et d'existence, de *res existens* et d'*actus existendi*, de *id quod est et esse*. Si on définit ainsi l'être, on ne peut l'affirmer de Dieu : *Absit hoc a magno Deo !* La substance des choses créées n'est qu'une *potentia essendi*. La substance de Dieu, c'est l'*Esse*. Voilà pourquoi ces mots *Esse subsistens* expriment admirablement la grandeur de Dieu, la plénitude et l'immensité de son Être, le caractère infini de ses attributs, la sublimité de ses perfections, sa souveraine et ineffable unité : *Nulla de perfectionibus essendi potest deesse Ei quod est ipsum Esse subsistens*[2]. *Hoc autem simplex unum et sublime est ipse Deus*[3].

---

1. *De Potentia*, q. 7², art⁰ 7⁰ : « Ex quo patet quod diversa habitudo ad *esse* impedit univocationem entis... Existente enim diversitate in primo, oportet in aliis diversitatem inveniri.

2. *Sum. Theol.*, I. q. iv, a. 2.

3. S. Thom., *In lib. Boetii de Hebdom.*, c. ii.

NOTES ET ÉTUDES CRITIQUES

SCOT ET SAINT THOMAS

L'opposition entre les doctrines philosophiques de D. Scot et celles de saint Thomas est bien connue. Dans son *Histoire de la Philosophie*, le cardinal Gonzalez écrit à ce propos, en parlant du Docteur subtil : « Ses critiques et ses attaques visent surtout les arguments et la doctrine de saint Thomas, dont il se sépare presque toujours dans les points de doctrine controversés[1]. » Cette opposition apparaît avec évidence si l'on considère le parallèle ou tableau comparatif dans lequel le même cardinal met en regard l'une de l'autre la pensée de saint Thomas et celle de Scot : 1º sur la distinction entre les facultés et la substance de l'âme; 2º sur le mode de distinction entre les attributs de Dieu; 3º sur la possibilité de l'*existence* de la matière première séparée de la forme substantielle; 4º sur l'unité de forme substantielle dans l'homme; 5º sur le principe d'individuation; 6º sur l'indifférence, au point de vue moral, des actes individuels et délibérés; 7º sur l'immutabilité de la loi éternelle et des essences des choses; 8º sur l'opération qui constitue formellement et essentiellement la béatitude, etc., etc.

Cette opposition de doctrines, de tendances et d'opinions entre Scot et le Docteur angélique est devenue *proverbiale* parmi les philosophes et les théologiens. Le cardinal Cajétan, au début de ses *Commentaires* sur la *Somme théologique*, la signale en ces termes : « Joannes vero Scotus egregia præter cœteros in hac re laboravit subtilitate et copia, quippe qui singula prope hujus Primæ Partis verba labefactare contendat... Contra oppugnatores, Scotumque præcipue, tueri veritatem contendit[2]. »

1. *Historia de la filosofia*, tome II, p. 261, éd. 1. Madrid, 1878 : « El blanco principal de sus reparos y ataques, son las razones y doctrina de santo Tomas, de quien se separa casi siempre que se trata de puntos opinables. »
2. *Præfatio in Exposit. Primæ Part.* — Edit. Leonina, Opera omnia, vol. IV, page 4.

Mais d'où vient que l'arbre philosophique et doctrinal produise des fruits si divers et si opposés, selon qu'il est cultivé par saint Thomas ou par Scot? Il est évident que la cause première de cette diversité et de cette opposition se trouve cachée dans les racines mêmes de l'arbre. C'est dans l'idée-mère de la philosophie, au cœur même de la métaphysique, dans la question essentiellement ontologique et transcendantale de *l'essence et de l'existence*, que gît la raison fondamentale et première de cette antithèse doctrinale entre Scot et l'Ange de l'Ecole. Ecoutons sur ce point un philosophe bien connu de la Compagnie de Jésus :

« Ex his... apparet *nobilissima veritas* et *admirabilis nexus* doctrinarum, qui viget in Metaphysica, quam ex Aristotele Sanctus Thomas docuit. Doctor quippe Angelicus ex illa veritate exorsus quod *Entia creata sint realiter composita ex essentia et esse*, explicat proprium conceptum entis ab intellectu nostro efformatum per hoc quod ens significat : *Id quod habet esse*, seu : *Id quod est*,... Ex eo... divus Thomas infert Deum non esse in genere, quia *ens* prædicatum de Deo non significat quidditatem habentem *esse*, sed ipsum *esse* cum *quidditate* identificatum... Huic Angelici Præceptoris nobilissimæ doctrinæ, quæ versatur circa ipsa Metaphysicæ fundamenta, quæque consequenter longius serpit, totamque Philosophiam late pervadit, e regione opponuntur placita philosophiæ Scotisticæ. — Scotus quidem exordia ducit ab *identitate esssentiæ et existentiæ* in naturis creatis, et exinde deducit *ens* significare prædicamenta mediate, esse univocum Deo et creaturis, substantiæ et accidenti. Licet non admittat Deum esse in genere, tamen hoc ab ipso non asseritur consequenter... »

« Quænam autem ex istis oppositis Sancti Thomæ et Scoti doctrinis, veritati melius ac securius consulat, cordatus quisque judicare per se poterit, præsertim si considerat christianæ et peripatetico-scholasticæ Philosophiæ *subversores*, haud raro usos esse doctrinis a Scoto traditis de *univocitate entis*, de *potentia et actu*, et de *rerum distinctione ;* cum contra a principiis philosophandi al Aquinate traditis semper abhorruerint. Probe enim intelligebant errores ab ipsis in vulgus disseminatos ex firmissimis Sancti Thomæ principiis non confirmari, sed potius subverti opprimique; ideoque in aliis officinis sua arma paraverunt, et cum aliis propria junxerunt castra. Sapientissime ergo Supremus Ecclesiæ Catholicæ Magister Leo XIII P. M. jussit Philosophiam esse revocandam ad firmissima Thomæ Aquinatis principa, ex quibus perperam admodum fuerat separata. »

Ainsi parle le P. Michel de Maria, S. J.[1]; et ses paroles n'ont pas besoin de commentaire. On nous permettra de rappeler simplement à ce sujet la recommandation de Pie X, confirmant dans son Encyclique *Pascendi*

---

1. *Ontolog*. Tract. I, quæst. I. a. 5.

domini gregis les dispositions de Léon XIII : « Eam præcipuo (philoso-phiam) intelligimus, quæ a Sancto Thoma Aquinate est tradita ; de qua quid-quid a Decessore nostro sancitum est, id omne vigere volumus, et qua sit opus instauramus et confirmamus, strictеque ab universis servari volumus. Magistros autem monemus ut rite hoc teneant, Aquinatem deserere *præ-sertim in re Metaphysica*, non sine magno detrimento esse. »

"DESTRUCTION DES DESTRUCTIONS"

DU R. P. CHOSSAT

A propos de l'article sur *La nature de Dieu d'après les scolastiques*
du *Dictionnaire de Théologie catholique*, fasc. XXIX.

Je n'ai pas l'intention de suivre M. Chossat sur toutes les pistes que des-
sine sa capricieuse fantaisie à travers le vaste máquis qu'il a entrepris
d'explorer. D'un seul coup, il a marqué sa place parmi « les grands laby-
rinthes théologiques »[1]. Pour vérifier toutes ses allées et venues il faudrait
plus de temps qu'il n'a mis à les tracer, et pour cause. J'admire la belle
assurance d'un auteur, qui ne craint pas de prendre position sur tant et
tant de problèmes épineux et nous a doté, après une ou deux années d'at-
tente, il est vrai, sur le tréfonds de la pensée *historique* du Moyen-Âge en
Théodicée de ce remarquable *Je sais tout...* Et il se trouve, (ô Concours
simultané, que tu es attentionné pour les tiens!) il se trouve, dis-je, que
ce que M. Chossat découvre au terme de son érudite exploration, un scolastique de génie, évidemment, (sans avoir connu ni même soupçonné les
masses bibliographiques que mobilise M. Chossat), l'avait pressenti ; que
dis-je ? deviné, prophétisé, qu'il avait marqué à point nommé l'aboutissant
précis du futur labeur de M. Chossat. Ce scolastique au flair subtil, ce
pharaon à la voix juste, cet ami des dieux (qui pourrait en douter?) c'est
le maître en qui on entend toute l'Ecole, c'est Suarez !

J'aurais laissé à d'autres, plus jeunes et plus intrépides, la tâche de
démêler, dans l'œuvre soi-disant historique de M. Chossat, la part de la
réalité et la part du rêve caressé, si en deux ou trois endroits de son article, je ne me trouvais cité à comparaître à la barre des lecteurs du *Dictionnaire de Théologie catholique*, sous l'inculpation de trouble-fête et
de perturbateur du consentement général des théologiens de saint Augus-

---

1. Cf. *De quatuor magnis Labyrinthis Franciæ*, par Gaultier de Saint-Victor,
Migne, P. L., t. CIC, col. 1130.

tin à saint Thomas, et de celui-ci à Suarez, — un certain Gilles de Rome et ses disciples exceptés.

C'est là un déshonneur que je ne méritais pas. M. Chossat eût pu trouver des opposants mieux qualifiés que moi, qui n'ai jamais rien publié *ex professo* sur la distinction réelle de l'essence et de l'existence finies,

> La peste, puisqu'il faut l'appeler par son nom,

contre laquelle, au fond, son article est écrit d'un bout à l'autre. Pourquoi ne s'est-il pas adressé, par exemple, au P. Billot, S. J., qui lui eût offert une tête de Turc plus décorative que la mienne, et qui a du moins l'avantage d'être représentatif, *Urbi et Orbi*, de la destruction de l'idée chère à Suarez? C'est là pour moi un mystère.

I.

Peut-être un coin du voile se soulèvera-t-il à l'examen de la première des trois citations que M. Chossat veut bien faire de ma prose.

A la page 282 de mon ouvrage : *Le Donné révélé et la Théologie*[1], dans une modeste note, j'invitais le lecteur à consulter l'article du P. Garrigou-Lagrange sur le mot DIEU dans le *Dictionnaire d'Apologétique* de M. d'Alès[2]. J'ajoutais : « On comparera les preuves de l'article *Dieu* du *Dictionnaire de Théologie catholique* (col. 941 et suiv.) qui, par l'organe de M. Chossat, nie (col. 889) que la distinction réelle de l'essence et de l'existence soit le fondement de la philosophie chrétienne, et l'on fera la différence. » C'est à cette page de mon livre que M. Chossat renvoie son lecteur dans le passage du *Dictionnaire de théologie* (fasc. 29, col. 1240) que j'ai présentement en vue. Et dans quel but? En apparence, à l'appui de cette déclaration qui précède le renvoi : « L'Ecole n'a pas suivi saint Thomas dans l'emploi du moteur physique, col. 941; et nous avons rapporté, d'après des auteurs qui ne sont ni bannéziens ni néothomistes, comment on (Bañez, cf. col. 933) l'a transformé en argument métaphysique (Cf. Gardeil, *op. cit.*, p. 282) ».

Ce n'est assurément pas à moi que M. Chossat fait allusion lorsqu'il parle d'auteurs qui ne sont ni bannéziens ni néothomistes. — D'autre part, je ne songeais guère au *moteur physique* dans la page incriminée : j'y avance simplement que saint Thomas fonde sur la distinction réelle de

---

1. Un volume in-12 de la *Bibliothèque théologique*, XVII-372 pages. Paris, Gabalda, 1910.

2. Paris, Beauchesne, fasc. 3 et 4.

l'essence et de l'existence et sur son identité la distinction de l'être créé et de l'être divin. — Reste la *Note*, où j'énonce que si l'on compare les preuves de Dieu de saint Thomas, et donc la preuve du moteur physique, telles que les entend M. Chossat avec celles que donne le P. Garrigou, *on fera la différence*. M. Chossat aura vu dans ces dernières paroles un aveu de la transformation de la preuve du moteur physique en argument métaphysique.

Est-il besoin de dire que telle n'a pas été ma pensée? J'ai déclaré simplement que celui qui comparerait les deux expositions des preuves de l'existence de Dieu selon saint Thomas *ferait* la différence. Et en avançant cette opinion, je n'ai pas constaté seulement qu'il *y avait* entre elles une différence. J'ai entendu dire que l'on s'apercevra de suite que les arguments rudimentaires que donne M. Chossat comme étant ceux de saint Thomas (col. 940 et suivantes), privés de ce qui fait leur nerf dans l'original, ne prouvent rien, qu'ils sont de pures pétitions de principes, comme le P. del Prado le mettait en évidence tout récemment[1], quelque chose comme une littérature bien pensante, pieuse même, mais sans portée philophique; tandis qu'exposées à la lumière de la vérité fondamentale de la philosophie de saint Thomas, ces mêmes preuves ont une valeur rationnelle et prouvent effectivement et nécessairement[2]. Voilà tout ce que j'ai voulu dire.

Au fond, M. Chossat l'a fort bien compris. Il sait encore ce que parler veut dire, et que *faire la différence* n'est pas *constater une différence*. Si je doutais de sa clairvoyance, j'en trouverais la preuve évidente dans la préférence, fort imméritée, je le répète, qu'il me donne sur tant d'autres, lorsqu'après avoir pulvérisé, il se l'imagine du moins, sous le poids de quelque cinquante colonnes « d'Histoire » les scolastiques aveugles qui oseraient encore prétendre que saint Thomas a enseigné la célèbre distinction, il conclut ironiquement : voir cependant Gardeil, etc., col. 1238. C'est sa manière, à lui, d'inviter ses lecteurs à *faire la différence*. Eh bien, soit ! Je ne me déroberai pas à sa convocation, mais ce n'est pas sur un passage d'un ouvrage de vulgarisation, où je n'ai pu traiter la question que par les sommets, comme il le fallait pour le grand public, que j'entends être jugé. M. Chossat a dit à ses lecteurs : Voir cependant Gardeil. Il va le voir, tout le premier. Et ses lecteurs pourront ainsi *faire la différence* tout de bon.

---

1. *Revue Thomiste*, mars-avril 1910, p. 225.
2. Cf. del Prado, *ibidem*, p. 218. Cet article me dispense d'insister.

II.

Avant d'entrer dans le fond du débat, je dois répondre à une chicane que me cherche M. Chossat touchant la portée de la non-distinction réelle de l'essence et de l'existence en Dieu pour la mise en évidence de la doctrine trinitaire. Dans *Le donné révélé et la Théologie*, p. 313, j'avais dit ceci : « C'est cette idée de l'identité de l'existence et de l'essence en Dieu qui permet à saint Thomas de porter un dernier coup au Trithéisme trinitaire en proclamant pour les trois personnes divines une seule existence, qui est l'existence infinie de Dieu. »

Selon M. Chossat, historiquement parlant, l'argument par lequel saint Thomas rejette la multiplicité des existences dans la Trinité, n'a pas pour base l'identité de l'essence et de l'existence en Dieu. L'argument authentique de saint Thomas, serait résumé dans ce mot du saint Docteur : *Filius Dei est ipsa relatio secundum quam habet esse a patre et ipsa relatio est ipsum esse. (In IV Sent., l. III, dist. xi, q. 1, a. 1, ad 7um)*[1]. Selon M. Chossat, toujours, il y aurait dans cet argument une savante réfutation d'Averroès. C'est possible[2]. Mais il y a surtout une pure et simple application du grand principe : *Omne absolutum est commune et indistinctum in divinis. De Pot.*, q. ix, a. 4. Les relations subsistantes, considérées dans leur subsistence sont de l'absolu, et donc s'identifient avec l'essence divine. C'est ce que constate l'expression : *et ipsa relatio est ipsum esse.* En tant que relatives, au contraire, elles s'opposent et constituent les personnes : c'est ce que constate l'expression : *Filius Dei est ipsa relatio*, etc.

Quoi qu'il en soit de la manière dont il conclut, l'argument est bon ; je l'accepte[3]. Seulement, à mon avis, ce n'est pas cet argument qui « porte un dernier coup au Trithéisme trinitaire ». Et M. Chossat a tort de pré-

---

1. M. Chossat dit « *ad 3um* ». C'est une inexactitude matérielle.

2. Bien entendu, sous le bénéfice d'une réserve. M. Chossat sous-entend que la relation prédicamentale de dépendance, reconnue en commun par saint Thomas et Averroès, est constitutive de l'être participé. Ce n'est en réalité, selon saint Thomas, qu'un accident conséquent à la distinction réelle de l'essence et de l'existence finies. *Sum. theol.*, I^a P., q. xliv, a. 1, ad 1um.

3. Mais je n'accepte pas les commentaires dont M. Chossat le surcharge lorsqu'il prétend y trouver impliquée la non-distinction de l'essence et de l'existence *in creatis*. M. Chossat cite à l'appui trois textes de saint Thomas, *De Pot.*, q. ii, a. 6 ; q. vii, a. 2, ad 11um ; q. ix, a. 5, ad 19um. Je les ai lus avec attention à plusieurs reprises sans y trouver la moindre confirmation de sa prétention. Comme la doctrine qui s'y rencontre est exposée plus loin et défendue contre cette interprétation fantaisiste, je n'insiste pas.

tendre (col. 1242) que j'ai confondu sa solution, rectifiée comme on vient de le lire, avec celle de Gilles de Rome, *In IV Sent.*, l. I, dist. II, q. II, a. 2.

Je n'ai jamais lu Gilles de Rome sur ce sujet, je n'ai pas ses *Sentences* sous la main, et je ne puis, pour le moment, le défendre[1]. Mais, puisque c'est dans le commentaire de Gilles sur la distinction deuxième du livre I des *Sentences* que M. Chossat a rencontré la thèse que je soutiens touchant la Trinité, je suis à même de lui expliquer cette coïncidence. Qu'il veuille bien se donner la peine de lire le commentaire de *saint Thomas* sur les *Sentences*, exactement aux lieu et place du commentaire de Gilles où il a trouvé *mon* opinion, voici ce qu'il lira :

« Ad primum ergo dicendum quod in creatura differt essentia sua et esse suum, nec habet essentia esse nisi propter comparationem ad habentem essentiam : et ideo quando essentia creata communicatur, communicatur tantum secundum rationem suam et non secundum esse, quia secundum illud esse non est nisi in uno tantum habente. Divina autem essentia est idem quod suum esse ; et ideo quando communicatur essentia, communicatur etiam esse. Undè essentia non tantum est una secundum rationem, sed secundum esse ; et propter hoc potest esse una numero in pluribus suppositis. » *In IV Sent.*, l. I, dist. II, q. I, a. 4, ad I[um].

Gilles de Rome a pu, d'ailleurs, s'autoriser d'un autre texte du même commentaire de saint Thomas, et qui se trouve dans le voisinage du premier :

« Ejus in quo non differt suum esse et sua quidditas non potest participari quidditas sua sive essentia, nisi et esse participetur. Sed quandocumque dividitur essentia alicujus per participationem, participatur essentia eadem secundum rationem et non secundum idem esse. Ergo impossibile est ejus in quo non differt essentia et esse, essentialem participationem dividi vel multiplicari. Tale autem est Deus : alias esset suum esse acquisitum ab aliquo. Ergo impossibile est quod Divinitas multiplicetur vel dividatur : et ita erit unus tantum Deus. » *Ibid.*, a. I, arg. *Sed contra* 3[um] et ult.

On le voit, je n'ai eu que le choix, et je n'ai pas eu besoin de Gilles de Rome pour avancer ce que j'ai dit. Pour qui n'est pas aveugle, les deux passages que je viens de rapporter mentionnent clairement, et la distinction réelle de l'essence et de l'existence dans les choses créées, et leur non-distinction en Dieu. Ils établissent, de plus, que cette identification de l'essence et de l'existence en Dieu doit être regardée comme la cause propre et nécessitante de la participation par les trois personnes divines d'une seule et même existence, qui est l'existence même de Dieu, tandis que la distinction de l'essence et de l'existence est, à proprement parler, la cause

---

1. Le P. del Prado s'en est d'ailleurs chargé. Cf. *Comœdia Aegidiana,* dans *De Gratia et libero arbitrio,* vol. III, Fribourg, 1907, pp. 464 et suiv.

nécessitante, qui nous oblige à reconnaître *in creatis* autant de natures que de suppôts, à poser une existence par essence substantielle[1].

Ces deux textes établissent par conséquent que, dans cet argument, saint Thomas porte un dernier coup au Trithéisme trinitaire. Le dernier coup porté à une doctrine n'est-ce pas, en effet, de la déclarer impossible *à priori* et de manifester la cause précise de cette impossibilité ? Or, c'est ce que ne fait pas l'argument qui s'arrête au principe : *Omne absolutum est commune et indistinctum in divinis.* (*De Pot.*, q. ix, a. 4.) Ce n'est là, en effet, qu'une vérité de fait, nécessaire seulement de par les exigences du dogme[2]. Dans l'argument que j'ai invoqué, au contraire, saint Thomas donne la raison première et fondamentale de l'impossibilité de plusieurs dieux dans la Trinité. Philosophiquement parlant, cette impossibilité vient de la non-distinction en Dieu de l'essence et de l'existence : *Impossibile est ejus in quo non differt essentia et esse, essentialem participationem dividi vel multiplicari. Tale autem est Deus : alias esset suum esse acquisitum ab aliquo. Ergo impossibile est quod divinitas multiplicetur vel dividatur et ita erit unus tantum Deus.* Loc. cit.

On voit, par la simple lecture de ces textes, de quel côté on confond les solutions et de quel côté on a « tort » de les confondre.

III.

M. Chossat a remarqué que « la plupart des grandes controverses classiques sur le sens de saint Thomas viennent de ce qu'une partie des théologiens s'applique à l'entendre historiquement, en le replaçant dans son milieu, tandis que l'autre partie néglige de prendre cette précaution » (col. 1185). Il s'est donc proposé de donner « un aperçu historique de la formation de la doctrine de Dieu dans la scolastique » (col. 1153). Sa seule intention est « de saisir la pensée d'un siècle », le treizième en particulier, « et de chercher le sens que les problèmes, que les théologiens y agitèrent, avaient pour eux » (col. 1184).

Je me bornerai, pour cette fois, à examiner comment il applique ces principes à la question de la distinction de l'essence et de l'existence finies. Elle est, comme je l'ai dit, au centre des préoccupations de l'auteur. Il y revient nommément à trois reprises, sans compter les *obiter dicta*, ni les cheminements dissimulés, en tranchées ou en souterrains, qui finissent toujours par déboucher brusquement sur ce confluent fatidique.

1. Cf. *In IV Sent.*, l. I, dist. iv, a. 1, ad 2[m].
2. Cf. *De Potentiâ*, q. viii, a. 3, § *Sed quia fides.*

La première fois qu'il en parle, c'est, le croirait-on? pour venger l'opinion des néothomistes contre l'accusation de panthéisme que la distinction réelle entre l'essence et l'existence créées leur fait encourir! (col. 1180).

La seconde fois, c'est pour montrer saint Thomas endossant, sur la distinction du fini et de l'infini, et sur la doctrine de la participation qui lui est connexe, les idées de son temps qui sont d'ailleurs, très exactement, les idées de Suarez (col. 1198 et 1199).

La troisième fois c'est pour constater, sur le terrain des faits, l'identité de la doctrine patristique commune de la participation et de la doctrine péripatéticienne de saint Thomas, et cela, grâce au « point de soudure » que représentent les doctrines d'Averroès, l'adversaire de la distinction réelle de l'essence et de l'existence finies (col. 1221, 1229, 1237).

Je suivrai successivement, dans ce qu'ils ont d'essentiel, les trois développements que je viens d'indiquer.

I. Défense des néothomistes. — La prétention qu'a M. Chossat de se constituer le défenseur de l'orthodoxie des thomistes est vraiment délicieuse. Quel bon tour joué à ces bannéziens qui s'attendaient à être attaqués! On les défend, au contraire! — Mais quoi, direz-vous, étions-nous donc suspects? — En doutez-vous? On voit bien que vous n'avez pas lu Schindele, Drews, Freudenthal, etc. Ah! pauvres bannéziens qui ignorez l'histoire! Où étiez-vous quand Suarez, avec sa doctrine sur la non-distinction réelle de l'essence et de l'existence finies, sur les êtres et distinctions de raison, tenait tête, à lui tout seul, au terrible Spinoza? Heureusement, cette fois encore, M. Chossat veillait[2]!

L'acte d'accusation dont M. Chossat se constitue le rapporteur affligé se résume en ces termes : La thèse de la distinction réelle de l'essence et de l'existence est fondamentale dans la doctrine de Plotin, d'Avicenne, de Spinoza. Il est vrai qu'une grande partie de l'Ecole la nie, nommément Suarez, pris à parti par Spinoza. Celui-ci « voyait avec raison qu'il ne pouvait établir les principes de son panthéisme agnostique qu'autant qu'il aurait détruit la doctrine du théologien espagnol sur les rapports de l'essence et de l'existence. » Mais « le reste » (excusez du peu) de l'Ecole a admis cette théorie. Donc, la tendance de l'Ecole a toujours été favorable

1. A propos de Suarez, M. Chossat a l'imprudence de citer, col. 1177, comme une recommandation, la page 374 des *Acta Leonis XIII*, édit. de Rome 1893, lettre *Gravissime nos*. Les réserves que fait le pape sont au contraire si formelles, si multipliées, si pressantes qu'elles équivalent — pour ceux qui ne sont pas obligés à vénérer ce legs de famille — à une recommandation expresse de se méfier des théologiens visés, en tant qu'interprètes de la doctrine de saint Thomas. Personne n'obligeait M. Chossat à découvrir ainsi Suarez.

2. Cf. col. 1175, n. 4.

à l'immanence divine... à la notion de l'Être divin, conçu comme l'être indéterminé, en devenir, et par suite immanent, *ibid.*, d'un mot, au panthéisme.

Accablé par cet acte d'accusation, M. Chossat répond humblement en plaidant les circonstances atténuantes. Hélas ! gémit-il, ce n'est que trop vrai ! « Plusieurs scolastiques l'ont admise ! » (que ce *plusieurs* est joli !) « Mais ils ne sont pas toute l'Ecole, et par conséquent leur fait n'engage pas à fond le Magistère » (col. 1180, n° 3) (je le crois !). « Ensuite, s'enhardit à dire M. Chossat, ont-ils entendu cette distinction au sens qu'elle a dans la doctrine de l'émanation ? Ont-ils admis les conséquences agnostiques ou panthéistes que Plotin et Avicenne en ont déduites bien avant Spinoza, Hegel et nos philosophes de l'Inconscient ? » Les thomistes goûteront le charme de se sentir balancés entre ces interrogations... j'allais dire insinuations. Mais non, M. Chossat tient pour eux mordicus. Voyez-le prendre crânement leur parti : « Tranchons, s'écrie-t-il, la question PAR L'HISTOIRE. » Nous sommes sauvés ! Si M. Chossat se met à faire de l'histoire à notre décharge, nous revoilà orthodoxes et pour longtemps !

HISTOIRE. — « Le premier scolastique dont un historien, dans l'état actuel de nos connaissances, puisse dire, sans controverse, qu'il ait admis cette distinction (de l'essence et de l'existence), est Gilles de Rome, quelques années après la mort de saint Thomas. Or, Gilles prend pour point de départ de son hypothèse, d'une part, le fait et la possibilité de la Trinité, *In* IV *Sent.*, l. I, dist. v, d'autre part, la possibilité et la démonstrabilité de la création, *De ente et essentia*, comme fait encore de nos jours le P. del Prado[1]. » « Dans ces conditions, à qui fera-t-on croire à l'identité parfaite des deux doctrines, l'une aboutissant à l'être vide et l'autre partant de la plénitude de l'être ? » *Ibidem.*

C'est comme si l'on disait : Gilles de Rome et le P. del Prado, étant de bons catholiques, n'ont pu entendre la doctrine qu'ils professaient dans le même sens que les pires mécréants. C'est la foi qui les sauve. Fort peu logiquement d'ailleurs, car, continue toujours, l'histoire en mains, notre... humoriste : « Les premiers adversaires de Gilles, l'un collègue, l'autre témoin de l'enseignement de saint Thomas, Henri de Gand et Godefroy des Fontaines, lui firent remarquer que son hypothèse, outre qu'elle n'était ni traditionnelle ni prouvée, favorisait plutôt qu'elle ne combattait les adversaires qu'elle avait pour but de combattre. » Ils devançaient le P. Piccirelli, qui de nos jours tient « tout uniment en latin » le même langage aux théologiens qui en sont partisans, col. 1181. Autre chose, continue

---

1. On croirait vraiment que le P. del Prado est un isolé ! — Mais non, puisqu'il y a encore Gardeil !

l'avocat d'office des néothomistes, autre chose est de penser que Gilles et ses adhérents se trompent, autre chose de n'envisager que la matérialité de leurs formules et d'insinuer qu'ils sont tombés de fait dans l'erreur. Il faut tenir compte de leur contexte du point de vue où ils se placent et les interpréter *ex causis dicendi. Ibid.*

M. Chossat est vraiment trop bon de prendre tant de peine. Saint Thomas s'était chargé lui-même de dégager « la matérialité de nos formules » de toute compromission avec la théorie d'Avicenne, la seule qu'il pût connaître, puisqu'il n'avait pas lu les Ennéades et que Spinoza et Hégel étaient à venir. Avicenne, en effet, se basait sur ce principe, juste en soi, que dans tout être qui reçoit son existence d'un autre, l'existence se distingue réellement de l'essence ; mais il en concluait, comme le remarque M. Chossat lui-même, col. 1211, que l'existence était dans ces mêmes choses causées, un accident, au sens strict du mot, c'est-à-dire une réalité (de l'ordre substantiel, *actus substantialis*, si M. Chossat y tient), capable en tout cas de survenir à l'essence ou de s'en détacher comme une qualité accidentelle, matériellement séparable en un mot[1]. Telle la blancheur vis-à-vis de l'homme blanc, *homo albus.* Cette conception conduisait son auteur, à travers un échafaudage de raisonnements d'une logique bizarre, à cette conclusion que l'être premier, cause des composés d'existence et d'essence, est en lui-même une existence sans essence, col. 1214-1215, indéterminée, déterminable.

Saint Thomas expose et réfute en de nombreux passages la distinction accidentelle de l'essence et de l'existence telle que l'entendait Avicenne. Mais il est à remarquer que toujours il a soin de réserver la distinction de l'essence et de l'existence telle que la professeront les thomistes. Textes : «(Avicenna) non videtur rectè dixisse. Esse enim rei, *quamvis sit aliud ab ejus essentia,* non tamen est intelligendum quod sit aliquod superadditum ad modum accidentis[2], sed quasi constituitur per principia essentiae » (IV *Metaph.,* lect. ii). « Deceptus fuit (Avicenna) ex aequivocatione entis. Nam ens quod significat compositionem propositionis est praedicatum accidentale... sed ens quod dividitur per decem praedicamenta significat ipsas naturas decem generum *secundum quod sunt actu vel potentia* » (X *Metaph.,* lect. iii). Que faut-il entendre par cet acte et cette puissance ? Les réalités objectives de l'essence et de l'existence, comme chez Avicenne,

---

1. Cela ressort du témoignage d'Averroès lui-même : Avic. autem peccavit multum in hoc qd. existimavit qd. unum et ens significant dispositiones additas essentiae rei... diversas ab ea in *actu. In IV Metaph., textu 3°.* Venise, 1552, fol. 32.

2. *Stricte sumpti.* Cf. S. Thomas, *quodlibet II,* a. 3, c., ad 1ᵘᵐ, ad 2ᵘᵐ. Saint Thomas admet d'ailleurs que l'on peut dire que l'existence est un accident au sens large, secundum quod dicit omne quod non est pars essentiae, et sic est in rebus creatis, *quia in solo Deo esse est ejus essentia. Quodlibet XII,* a. 5, édit. Parme, t. IX, p. 622.

mais sans le rapport strictement accidentel qu'il mettait entre elles : « Non autem invenitur aliquid affirmativè dictum absolutè quod possit accipi in omni ente (*in se*, cf. le contexte) nisi essentia ejus, secundum quam esse dicitur; et sic imponitur hoc nomen *res*, quod in hoc differt ab ente, secundum Avicennam, quod *ens* sumitur *ab actu essendi*, sed nomen *rei* exprimit quidditatem sive *essentiam entis* » (*De Verit.*, q. 1, a. 1).

Or, c'est sur la distinction réelle de l'essence et de l'existence, *entendue au sens de séparation physique et effective*, comme celle qui intervient normalement entre l'homme blanc et sa blancheur, entre un sujet et ses qualités accidentelles, que se fonde l'argument d'Avicenne, comme on peut le voir par l'exposé qu'en fait M. Chossat, col. 1214, d, cf. col. 1228. Saint Thomas est indemne ainsi que les thomistes qui, à sa suite, admettent la distinction de l'essence et de l'existence, dans un sens qui exclut la composition accidentelle et comporte la distinction de deux réalités objectives au sein de l'être subsistant (cf. *Quodlibet* II, a. 3, *ad 1um*), distinction analogue à celle de l'homme en corps et âme, *ibid*. Les thomistes, donc, n'ont pas besoin que l'on recoure à leurs intentions droites et à leur foi catholique, apostolique et romaine, pour échapper au reproche de panthéisme. Ils n'ont pas besoin des services de M. Chossat.

Le sentiment d'Henri de Gand et de Godefroy des Fontaines sur les « innovations » de Gilles de Rome ne les toucheront pas davantage. M. Chossat fait sonner bien haut que l'un fut collègue, l'autre témoin de l'enseignement de saint Thomas. Il se tait sur Gilles, et tous ceux qui n'ont pas de renseignements spéciaux sur l'histoire de la scolastique, que M. Chossat s'était cependant engagé à leur apprendre : « Tranchons, avait-il dit, la question par l'histoire », tous ceux-là, dis-je, c'est-à-dire la majorité des lecteurs du *Dictionnaire*, ne manqueront pas de penser que ce pauvre Gilles fait bien mauvaise figure à côté de ses illustres rivaux. Ils n'auront pour se rassurer qu'à lire ce qu'écrit de Gilles un confrère de M. Chossat, le P. Hürter : « Ex ordine S. Augustini prodiit theologus classicus, primis theologiae scholasticae luminaribus accensendus, Aegidius Columna... Nactus S. Thomam praeceptorem... miros in ejus schola fecit progressus, ut inter primos ejus discipulos (c'est un disciple, non pas un collègue, non pas un simple auditeur[1]) numeretur. Hujus Summam maxime habuit in honore eamque citat sub nomine : *Scripta communia*. Cum vero post doctoris angelici mortem hujus doctrina graviter impugnaretur pro ea tuenda strenue stetit[2]. »

---

1. Quoiqu'en dise M. Chossat, suivant en cela le *Nomenclator* de Hürter, il n'est pas établi que Henri de Gand ait été maître en même temps que saint Thomas d'Aquin, et que Godefroy des Fontaines ait entendu saint Thomas. Je tiens ce renseignement du P. Mandonnet.

2. *Nomenclator litterarius*, ed. 3ª, Inspruck, 1906, col. 481-482. Cf. col. 387.

Voilà pour les titres thomistes de Gilles, car il faudrait ajouter, avec Hürter, ceux qui le firent nommer par la postérité *doctor fundatissimus*, et qui le firent imposer aux Augustins comme le docteur propre de leur Ordre..., encore que ce tenant de la distinction réelle de l'essence et de l'existence finies, n'eût guère bien mérité, semble-t-il, de saint Augustin, le docteur de la théorie de la participation, selon M. Chossat.

Je conclus de ces brèves apostilles aux remarques « historiques » de M. Chossat qu'il pourra, une autre fois, mettre « l'état actuel de *ses* connaissances » (col. 1180) en histoire au service de causes plus besogneuses que la nôtre. Qu'il consacre ses soins, par exemple, à sauver du panthéisme la doctrine de la participation qui lui est chère. Ne nous apprend-il pas lui-même qu'elle en a fortement besoin? col. 1181, 1191, et spécialement col. 1231 où il dit textuellement : « La participation, chez les néoplatoniciens, aboutissait à l'agnosticisme, ou à l'intuitionisme, quelquefois au phénoménisme et aussi au panthéisme, à un panthéisme dynamique. La tradition chrétienne se préserva de ces erreurs grâce surtout au dogme fondamental de la création. » Sans doute, les Pères néoplatoniciens s'approprièrent la théorie émanatiste en la débarrassant de ses abus. Mais, comme l'a avoué M. Chossat, col. 1129, ils ne parvinrent jamais « à relier la doctrine de la participation avec une doctrine générale métaphysique et psychologique qui pût servir de base à une explication logique de notre connaissance de l'infini. » C'est donc chez les néoplatoniciens augustiniens que nous rencontrons cet illogisme immanent au système, cet hiatus béant entre une foi qui cherche à s'exprimer philosophiquement et une doctrine d'origine panthéiste, la théorie des émanations du Bien. M. Chossat avoue, en propres termes, que malgré ses efforts et ses réussites pour s'expurger de sa tare originelle, la thèse de la participation n'est pas arrivée à rejoindre les données de la foi, de manière à former avec elle un système rationnel lié et infrangible. M. Chossat eût bien voulu faire prendre le change aux lecteurs du *Dictionnaire de Théologie*, mais il s'est trahi lui-même, et il se trouve que, tandis que la doctrine qu'il accuse de panthéisme inconscient se déclare indemne de toute compromission avec Avicenne, par l'organe même de saint Thomas, il se voit obligé çà et là de reconnaître, *quasi veritate coactus*, que la théorie qu'il prône a couru en réalité les dangers de panthéisme et le reproche d'illogisme dont il voulait faire peser le soupçon sur les thomistes, tout en se donnant les gants de les défendre.

Celui qui a comblé l'hiatus entre la foi et la métaphysique, c'est saint Thomas. M. Chossat le reconnaît, col. 1192. Mais il voudrait borner l'influence de saint Thomas au rôle d'un metteur en phrases, disons, en concepts péripatéticiens des doctrines communes de son temps. C'est cette prétention et les arguments par lesquels on l'appuie qu'il nous faut maintenant examiner.

II. — Si saint Thomas n'a fait que traduire en langage péripatéticien la doctrine de la participation commune a son époque ?

La simple pensée que l'introduction du péripatétisme en Théodicée puisse être regardée comme une *révolution*, horripile singulièrement M. Chossat, col. 1184. Il y revient à tout bout de champs. M. Heitz se voit traiter assez durement pour avoir dit que saint Thomas, parfait disciple d'Aristote, se dégagea de l'illuminisme néoplatonicien et augustinien sur la question de la distinction de la raison et de la foi, col. 1187. La vérité « historique », selon M. Chossat, c'est que saint Thomas, s'il a donné « une *physionomie* péripatéticienne très accusée » à sa théologie, col. 1192, n'a fait autre chose que réconcilier saint Augustin, Boëce, et l'auteur du *De Causis*, sur les bases d'un réalisme modéré qui n'est autre que celui de son temps, col. 1197. Même refrain, col. 1236-1238. Se trouvant en présence d'un accord des théologiens de son temps sur la manière d'expliquer la doctrine patristique de la participation, saint Thomas l'a tout simplement acceptée, la déclarant commune. « Ce n'est pas autre chose que ce fond traditionnel que saint Thomas a prétendu exprimer en *formules* péripatéticiennes » col. 1238. L'introduction de la notion péripatéticienne de l'acte et de la puissance dans la doctrine de la Trinité, de l'Incarnation, de la création n'est qu'une question de formules, col. 1238-1240, cf. col. 1198, etc. Et comment pourrait-il en être autrement ? Se pourrait-il que ce grand docteur ait perdu de vue la loi du développement de la pensée chrétienne *quod ubique quod semper ?* col. 1192.

Les choses s'étant ainsi passées, et la doctrine de saint Thomas n'étant, *historiquement*, que la fusion de la doctrine patristique sur l'être par essence et l'être par participation avec les théories péripatéticiennes de l'acte et de la puissance, col. 1199, de l'existence et de l'essence considérés comme distincts d'une simple distinction de raison, col. 1198, 1199, on s'explique que le quatorzième siècle ait salué saint Thomas du beau titre de *doctor communis*, titre que l'école « que l'on est convenu de nommer thomiste » lui a fait perdre par l'introduction d'une distinction réelle entre l'essence et l'existence du fini, col. 1199. Fort heureusement, un homme s'est rencontré pour sauver la pensée authentique de saint Thomas : Suarez ! col. 1199.

Voilà qui est « acquis » ![1] Si Schindele, Drews, Freudenthal, et autres

[1]. « Cette équivalence établie (grâce à Suarez), il est évident que, malgré ses formules péripatéticiennes, la scolastique postérieure à saint Thomas ne diffère

accusateurs de saint Thomas, cf. col. 1175, ne sont pas satisfaits, c'est évidemment qu'ils n'entendent rien à l'histoire !

Reprenons en détail ce plaidoyer *pro domo*, égaré dans la maison de tout le monde que devrait être cependant un *Dictionnaire de la Théologie catholique*[1].

Lorsque M. Chossat déclare que saint Thomas n'a jamais perdu de vue le *quod ubique quod semper*, il dit une chose aussi évidente que s'il avait craché le soleil. Entendons-nous pourtant : ce principe ne vaut que pour les doctrines de foi ; il n'est pas applicable aux emprunts philosophiques. Et c'est ainsi que saint Thomas l'entendait. C'est dire qu'en l'espèce, il n'a rien à faire pour trancher entre thomistes et augustiniens.

Une assertion plus exacte, c'est que saint Thomas s'est efforcé de faire de la conciliation ; qu'il n'y a pas eu rupture, au sens absolu du mot, entre sa systématisation et celle de ses devanciers. C'est ce qu'ont toujours déclaré ceux qui, les premiers, ont caractérisé son œuvre par le mot de *révolution*. « Le mot n'est qu'exact, dit le P. Mandonnet, en tant qu'il exprime un prompt et vigoureux progrès[2]. » Cela n'ôte rien à la portée du témoignage de Guillaume de Tocco, témoin contemporain de l'enseignement de saint Thomas :

« Erat enim *novos* in sua lectione movens articulos, *novum* modum et clarum determinandi inveniens, et *novas* reducens in determinationibus rationes, ut nemo, qui ipsum audisset *nova* docere et *novis* rationibus dubia definire, dubitaret quod cum Deus *novi* luminis radiis illustraret, qui statim tam certi cœpisset esse judicii, ut non dubitaret, *novas* opiniones docere et scribere, quas Deus dignatus esset *noviter* inspirare[3]. »

La part faite à l'artifice de composition, voici une description qui ne s'invente pas! On sent que l'historien-témoin a reçu un coup en pleine poitrine, et que c'est cela qu'il cherche à rendre en accumulant les *novum* et les *nova*. Il y a loin de ce saint Thomas « novateur » à l'honnête traducteur péripatéticien des opinions communes de son temps que nous représente M. Chossat.

Il y a trois points de première importance au sujet desquels tous ceux qui ont replacé saint Thomas dans son milieu, avant M. Chossat, s'accordent pour déclarer sa doctrine théologique nouvelle et originale. Il n'y a pas rupture, soit! mais il y a apport, sans antécédents, de raisons formel-

pas pour le fond des choses de la théodicée des siècles précédents et s'y ramène facilement. Ce point acquis, etc., » col. 1199.

1. Bien entendu, je ne mets pas en cause ici la Direction du *Dictionnaire*.
2. *Siger de Brabant*, Fribourg, 1899, p. LXI.
3. Cité *ibidem*, p. LXI. Acta sanctorum, VII martii, n° 15.

les, résolvant d'une manière nette, péremptoire, décisive (parce qu'elle découvre la cause même du vrai, le *propter quid*), des problèmes toujours posés, jamais résolus, encore que par des emprunts et des éliminations accumulées, on s'acheminât vers la solution. Ces trois points sont : la distinction entre la foi et la raison (et, par voie de conséquence entre la philosophie et la théologie), — entre le naturel et le surnaturel, — entre le bien et l'être, en tant que principes d'organisation de la synthèse théologique et philosophique des rapports de Dieu et du monde[1].

Pour mettre en pleine lumière ces trois distinctions, et pouvoir ainsi établir sur une base définitive les rapports entre les termes qu'elles opposent, il a fallu que la pensée chrétienne rencontrât, reconnût, s'assimilât dans toute son objectivité, une raison humaine, universelle comme la raison même — mais sans aucun mélange de christianisme; — une pensée philosophique, d'un côté absolument vierge de toute infiltration chrétienne, et de l'autre, se tenant tout entière par soi, καθ' αὐτὸ, comme un bloc rationnel d'une seule pièce, immense comme le *Cosmos* qu'elle embrassait dans son étreinte, jusques et y compris, dans la mesure où la raison pouvait les suivre, ces attaches profondes qui le relient à Dieu. Cette raison, pour garder sa pureté rationnelle absolue, devait être celle d'un païen d'avant Jésus-Christ. Au xiiie siècle Aristote, dès qu'il apparut, s'imposa d'emblée. Dans les premiers temps, connu par des truchements infidèles, il provoqua l'une des plus redoutables crises qu'ait rencontrée l'intelligence chrétienne. Pour la conjurer, saint Thomas, se fit disciple du Stagyrite. Ceux qui ne connaissent saint Thomas que par les deux *Sommes*, et les commentaires du Lombard, ne le connaissent qu'imparfaitement. L'œuvre originale de saint Thomas, de laquelle dépend tout le reste, et que personne parmi les chrétiens n'avait su réaliser avant lui d'une manière adéquate, ce sont ses commentaires sur Aristote, spécialement les commentaires sur les *Seconds analytiques* qui lui livrèrent la notion de raison pure, sur le *De anima* et les *Éthiques* qui lui livrèrent la nature humaine pure, sur les *Métaphysiques* qui lui livrèrent l'être pur.

Jusque-là, on n'avait connu dans la tradition chrétienne qu'une raison et une philosophie baptisées, une nature humaine baptisée, une création baptisée, celle-là même que M. Chossat essaie de restaurer et qui, partant du dogme chrétien du Dieu créateur et conservateur de toutes choses, déclare pieusement, avec saint Grégoire, que l'être, si on fait abstraction de Dieu, n'existe pas.

Voilà quelque trente ans que je creuse des galeries dans les philosophies

---

1. Cf. Mandonnet, *Siger de Brabant;* Vacant, *Études comparées sur Scot et saint Thomas,* etc.

et théologies qui environnent saint Thomas, et mon impression, de plus en plus nette, est que, si peu que l'on remonte en deçà de saint Thomas, on se trouve dans une nouvelle région, *in regione dissimilitudinis*, comme dirait saint Augustin. Alexandre de Halès, saint Bonaventure, Albert le Grand lui-même, sont fils d'une autre pensée. D'Albert le Grand à saint Thomas, il a dû se passer un événement considérable dans l'histoire de la pensée chrétienne, quelque chose comme ce combat de deux mondes dont parle Eucken[1]. Albert eut sans doute l'intuition de l'œuvre nécessaire, il eut la gloire de donner le premier coup de barre et de se lancer dans l'inconnu ; mais, prisonnier de la construction mentale du platonisme, il demeura en route. A lui, probablement, le mérite des luttes intérieures, des déchirements, des hésitations douloureuses qui atteignent ceux qui sentent l'urgence de quitter les voies frayées, mais que leur éducation antérieure n'a pas suffisamment armés pour réaliser l'entreprise nouvelle. Du moins, fidèle à la règle tracée par son contemporain et son ami Humbert de Romans, général de l'ordre des Frères Prêcheurs, pour la conduite des intelligences d'élite, à la fois puissantes, vastes et judicieuses, lâcha-t-il la bride à son disciple[2]. Saint Thomas put s'engager à fond, avec une belle sérénité, sur le terrain de la philosophie aristotélicienne ; il le parcourut en tous sens et rapporta de son audacieux voyage d'exploration les trois notions fondamentales que j'ai dites : raison pure, nature pure, être pur. C'est de ces trouvailles de génie qu'ont vécu, depuis dix siècles, les théologiens de l'Eglise ; c'est à elles qu'ils ont dû de pouvoir suivre dans toutes leurs entournures et distinguer avec une implacable netteté les subtiles erreurs du rationalisme sur les rapports de la raison et de la foi, du jansénisme et du protestantisme sur les rapports de la nature et de la grâce, du panthéisme sur les rapports du monde et de Dieu. M. Chossat, lui, ne voit dans ce grandiose changement de front, qui n'a, hélas ! dans l'histoire de la pensée philosophique qu'un analogue, la volte-face kantienne, qu'un changement de formules et de vocabulaire !

Suivons brièvement le développement de ce thème sur le terrain de la doctrine de la participation. C'est l'habileté de M. Chossat de présenter la doctrine qui soutient la distinction réelle de l'essence et de l'existence finies comme absolument irréductible à la doctrine patristique de la participation. En réalité, comme le constate le P. del Prado[3], si l'on se borne à

---

1. Thomas von Aquino : *Ein Kampf zweier Welten*. Bien entendu, je ne souscris pas aux conclusions de l'auteur.

2. « Tertiis vero laxandae sunt habenae circa studium hujusmodi » *Opera de Vita regulari*, Rome, 1888, t. I, p. 435. *De studio philosophiae.*

3. *Revue Thomiste*, mars-avril 1910, p. 216.

l'énoncer en termes généraux, la participation est admise par tout philosophe digne de ce nom. « La discussion commence seulement lorsqu'il s'agit de déterminer la raison fondamentale et dernière pour laquelle Dieu est l'être par essence et toutes les créatures des êtres par participation. » Et la thèse de la distinction réelle *in creatis*, seule, donne cette raison fondamentale. Tandis que les doctrines augustiniennes apparaissent comme un compromis instable, une côte mal taillée entre des thèses d'origine néoplatonicienne et le dogme de la création, comme une synthèse approchée, une conciliation de fait, non de droit; l'exposé thomiste fait valoir, non plus seulement du côté de Dieu et de la foi, mais du côté de la créature elle-même, la raison nécessitante de la participation de tout être à l'Etre divin. Il le fait en prenant son point de départ dans la notion de l'être pur et simple, telle qu'on la trouve dans les spéculations rationnelles du philosophe pur et simple, du *Philosophe* que fut Aristote[1]. La thèse de la distinction réelle apparaît ainsi comme une mise au point définitive de l'antique doctrine de la participation.

M. Chossat, d'ailleurs, n'a pu complètement évincer le point de vue de ses explications, toutes systématiques qu'elles soient, touchant la manière dont saint Thomas a interprété la doctrine de la participation. Il est rare que l'on réussisse à cacher complètement le soleil. Presque toujours, il filtre quelques rayons. J'en ai compté trois ou quatre dans les colonnes 1197-1199, et je vais les lui signaler.

1° *Premier rayon : l'être absolu.* — M. Chossat, colonne 1197, remarque que saint Thomas a retenu de la théorie du douzième siècle cet élément communément admis de son temps, à savoir que l'on ne peut concevoir d'une façon *adéquate* (c'est-à-dire comme distinct de l'infini) l'être et la bonté du fini, si l'on ne fait intervenir une relation de dépendance de l'être à sa cause efficiente, de la bonté à sa cause finale. C'est là, dirons-nous, un pur truisme. Il est clair que l'on ne peut penser au fini, *comme distinct de l'infini,* sans faire appel à l'infini. « Il est vrai, objecte cependant notre auteur, que l'être peut être conçu d'une façon absolue. » — Précisément : vous y voilà ! Analysez l'être ainsi conçu, cherchez, et vous trouverez. — Mais M. Chossat se refuse à ce trait de lumière : cet absolu de l'être ne signifie, à l'entendre, qu'une antériorité d'apparition d'ordre psychologique ou qu'une antériorité logique. Là-dessus, il se dérobe et retourne à son leit-motiv favori. Si l'on fait abstraction du rapport de l'essence des créatures à Dieu, leur cause efficiente, elles n'existent

1. Mais il n'entend pas par *être* l'être logique et indéterminé, fruit de l'abstraction totale, comme le fait M. Chossat, col. 1201-1202. Tout au contraire, l'être, fruit de l'abstraction formelle, est, au point de vue de l'actualité, ce qu'il y a de plus déterminé.

pas. *Ibid.* Pardon ! elles existent. Exister serait-il donc, conceptuellement parlant, la même chose que dépendre? Sans doute, au point de vue du fidèle, nous devons dire que si Dieu ne les avait pas créées, les créatures n'existeraient pas. Dans un sens *causal*, exister c'est donc dépendre. Mais au sens formel et objectif, au sens que le mot *exister* pouvait avoir pour un Aristote?... Or, ce sens, qui est celui des *Métaphysiques* du Philosophe, tenait le premier plan pour saint Thomas[1]. Il savait sans doute, par sa foi, que l'être des créatures est dépendant; mais il ambitionnait de manifester cette dépendance par l'analyse spéculative de l'être créé, considéré comme un absolu objectif. Définir l'être d'emblée *ce qui dépend*, c'est le baptiser en cachette. Pour voir dans cette définition l'α et l'ω de la pensée de saint Thomas sur l'être, il faudrait escamoter ses commentaires sur les douze livres des *Métaphysiques*. C'est bien difficile.

2° *Autre rayon de soleil : recours à un contresens.* — Colonne 1198, à l'appui de cette prétention, que saint Thomas aurait réconcilié saint Augustin, Boèce et l'auteur du *De causis* sur les bases d'un réalisme modéré qui n'est autre que celui de son temps (col. 1197), M. Chossat donne un résumé de la fin de l'article v de la question xxi, *De Veritate.* Dans ce résumé, il mêle ainsi deux raisonnements qui, chez saint Thomas, forment deux paragraphes distincts, étant fondés chacun sur son hypothèse propre. « Si, dit saint Thomas[2], on fait l'hypothèse : *a)* que le fini est bon indépendamment de son existence actuelle (hypothèse du premier raisonnement), ou *b)* que l'existence actuelle est du concept d'une créature (hypothèse du second), cette créature resterait encore bonne *et existante* seulement par participation (conclusion du premier raisonnement) ». Où M. Chossat a-t-il vu dans le texte de saint Thomas, qui correspond à la seconde hypothèse, ces mots : *et existante?* Comment peut-il prêter à saint Thomas cette proposition contradictoire que si — par impossible évidemment — la créature était *ipsum suum esse, sicut et Deus* (ce sont les propres expressions du saint Docteur), elle aurait encore une *existence* participée ! Une bonté participée, soit ! Et c'est effectivement la conclusion de saint Thomas : *Non haberet rationem* boni *nisi praesupposito ordine ad Creatorem.* En quel sens? Il vient de l'expliquer dans un paragraphe précédent auquel M. Chossat ne fait pas allusion : « Qui dit *bien (absolute, non secundum quid,* termes expliqués au cours de l'article), dit *cause finale ;* qui dit : *cause finale seconde* dit *relation à la cause finale première,* et donc au Créateur. » C'est en ce sens, « pour autant », que saint

---

1. Cf. *Comment. in Metaph.,* l. IV, lect. 1ª, l. VI, lect. 1ª, etc.
2. C'est M. Chossat qui résume ainsi saint Thomas, et c'est moi qui ajoute les annotations entre parenthèses.

Thomas conclut qu'une créature qui serait son être comme Dieu, serait néanmoins BONNE par participation : « PRO TANTO, *adhuc diceretur bona per participationem* », et pour que personne ne se trompe sur le sens du mot *pro tanto*, il ajoute : « *et non absolutè in eo quod est* » (édit. Parme), ce qui signifie que l'absolu de la bonté ne suit pas, *in casu*, l'*absolu de l'être* et donc suppose que la créature hypothétique qui serait *suum esse sicut et Deus* n'est pas existante par participation, mais absolument[1]. M. Chossat, dans son empressement à voir partout l'idée de participation, a commis un gros contresens et, de plus, a prêté à saint Thomas une absurdité. Cela suffit pour manifester la valeur des raccourcis d'articles de saint Thomas qui constellent son exposé des doctrines du saint Docteur et pour inviter ses lecteurs à vérifier soigneusement ses traductions.

1. M. Chossat reproduit son contresens, col. 1237, bas, mais il y ajoute en cet endroit une référence qui manifeste la source de son erreur. Il renvoie pour confirmer son dire au Scholion XXVII de Godefroy des Fontaines sur le *Contra Gentes* (l. II, c. LIV, édit. *ne varietur* d'Uccelli, Rome, 1878, Appendix, pp. 13-14). Godefroy y conclut une interprétation tendancieuse de saint Thomas par les *data* averroïstes, en disant : « Si enim velimus *aliquo modo* dicere quod aliqua creatura sit suum esse; non tamen erit simplicissima et actualissima, quod erit esse participatum... » C'est bien ici la conclusion de M. Chossat. Mais M. Chossat n'a pas vu que l'hypothèse de Godefroy n'est pas la même que celle de saint Thomas. Godefroy suppose une créature qui serait son existence *aliquo modo*, là où saint Thomas disait : *Sicut et Deus*. Ce n'est pas la même chose. On peut soutenir sans contradiction qu'un être qui serait *esse suum aliquo modo* aurait une existence participée, car il resterait pour expliquer cette participation l'*altero modo*, qu'implique l'*aliquo modo*. On ne peut, au contraire, admettre de participation de l'*existence* dans un être qui serait son existence, *sicut et Deus*. De même les raisons apportées à l'appui de la conclusion diffèrent. Chez Godefroy, c'est : 1º la théorie de la dépendance essentielle, comme constitutive de la définition même de l'être; 2º la théorie de la distinction de raison entre l'essence et l'existence; 3º la théorie de la possibilité objective; — d'un mot c'est toute la doctrine d'Averroès et de M. Chossat. Chez saint Thomas, la raison pour laquelle une créature qui serait *esse suum* aurait encore une BONTÉ PARTICIPÉE, c'est que « *unumquodque dicitur ens in quantum absolutè consideratur* (ce qui est juste l'opposé de la doctrine de Godefroy) *bonum vero secundum respectum ad alia.* » *De verit.*, q. XXI, a. V, c. ». Ce *respectus ad alia* se concrétise ensuite dans la raison de cause finale. Mais, remarque le saint Docteur, il n'y a qu'une fin ultime, Dieu : toute *cause finale* créée n'agit que par l'influx de la fin ultime. Et donc, dans l'hypothèse, la BONTÉ (la bonté, pas l'existence) (*perfecta, absoluta, quae habet rationem finis*), n'appartient à une créature que *praesupposito ordine ad creatorem*, que d'une manière participée. Hypothèse, raisonnement, conclusion, tout est différent chez saint Thomas et Godefroy. M. Chossat embrouille donc non seulement les deux raisonnements de saint Thomas, mais deux thèses différentes et opposées de deux maîtres différents. Et il dissimule le passage qui les différencie. Procédés de calmar, qui trouble l'eau pour se rendre insaisissable et faire ses petites affaires en sécurité.

3. *Troisième rayon : Recours à l'apocryphe.* — Sur ce même terrain du réalisme modéré de son temps sur lequel il a concilié Boëce, Augustin et l'auteur du *De causis*, « et qui fut plus tard celui de Suarez », M. Chossat nous montre saint Thomas réconciliant, grâce à la théorie d'acte et puissance, Platon et Aristote. Je n'ai que du bien à dire, évidemment, du texte capital du *De substantiis separatis* qui est cité à cet effet (col. 1198). Mais je ne puis accepter l'explication que donne l'auteur de la puissance aristotélicienne qui s'y trouve mentionnée. Pour M. Chossat, la puissance qui concourt avec l'acte à former l'être participé n'est autre chose que la possibilité logique de l'être fini regardant directement la cause divine dont elle reçoit l'actuation, l'existence. L'être participé, ainsi constitué, forme un composé réel, dans lequel le *quo est* et le *quod est* « peuvent ne différer, comme chez l'ange, que selon notre mode de concevoir », composé cependant toujours contingent, de par la possibilité *logique* à l'existence qu'il conserve dans son fond.

Certes, je suis loin de nier la potentialité objective des êtres finis, c'est-à-dire la capacité qu'a toute essence, du fait même qu'elle se révèle comme possible devant la pensée, à être réalisée par Dieu : « *Antequam mundus esset, possibile fuit mundum esse secundum potentiam activam Dei... vel... secundum quod possibile opponitur impossibili.* » *Summa theol.*, Iᵃ P. q. XLVI, a. 1, ad 1ᵘᵐ. La question est de savoir si c'est de cette possibilité objective que saint Thomas parle ici lorsqu'il dit et répète le mot cité par M. Chossat : *Omnes substantiae praeter supremam cum sint participantes necesse est quod sint compositae ex potentia et actu.*

M. Chossat cite à l'appui un texte de l'opuscule LIV de saint Thomas *De quo est et quod est*. Malheureusement, cet opuscule que l'édition romaine de 1570 déclarait déjà *imperfectum et valdè corruptum* (ce dont on se douterait rien qu'à lire l'extrait presque incohérent qu'en donne M. Chossat) est reconnu APOCRYPHE par le verdict unanime de la critique. Et c'est ici encore, d'une manière inattendue, l'un de ces rayons du soleil thomiste qui ont percé l'écran dont il s'est efforcé de le voiler. Pour qu'une thèse soit réduite, dans un endroit capital pour elle, à utiliser l'apocryphe, il faut qu'elle soit bien à court de textes authentiques. Au lieu de ce texte apocryphe, M. Chossat eût pu reproduire, parmi tant d'autres textes parallèles, le chapitre du *Contra Gentes* qui porte le même titre : *Quod in substantiis intellectualibus creatis differt* ESSE *et* QUOD EST : Il y eût vu, en particulier, ce passage significatif : *Invenitur enim in eis aliqua compositio eo quod non est* IDEM *in eis esse et quod est.* Et en tournant la page, au chapitre LIII, il eût vu l'explication de ce texte : *In substantia intellectuali creata invenientur* DUO, *scilicet substantia ipsa et esse ejus,*

quod non est substantia : ipsum autem esse est complementum substan-
tiae existentis... relinquitur ergo quod in qualibet praedictarum subs-
tantiarum sit compositio actus et potentiae. Enfin, au chapitre LIV, où
il croit reconnaître sa pensée, parce qu'il le lit à travers des lunettes fumées
qu'il emprunte à Godefroy des Fontaines [1] (Cf. col. 1237), M. Chossat eût
vu que la distinction du *quod est* et du *quo est, in creatis,* est une application immédiate de la distinction de l'*ens commune* en acte et en puissance, et que, toutes proportions gardées, cette distinction est comparable
à la distinction de forme et matière.

De l'ensemble de ces textes et de beaucoup d'autres qu'on trouvera réu-
nis dans l'ouvrage sur le point de paraître du P. del Prado [2], il résulte pour
un esprit non prévenu que la distinction réelle de l'essence et de l'existence
est l'analogue métaphysique de la distinction physique de matière et forme,
que, différente dans son degré d'abstraction puisqu'elle exclut la matière
commune, elle ne diffère pas dans son caractère de distinction réelle ; que
cette distinction définit (si l'on peut parler de définition pour ces réalités
simples et premières), définit, dis-je, l'être pur et simple, l'être existant,
ens, objet immédiat de notre intelligence ; — que la relation de dépendance,
enfin, n'est qu'une relation prédicamentale résultant de cette constitution
intime de l'être prédicamental considéré comme absolu.

Pour saint Thomas, *exister* n'est pas dépendre ; c'est tout simplement
exister, exister de telle façon cependant que l'existence n'appartienne pas
de droit à l'essence, que l'essence ne puisse rendre compte de cette perfection qui la déborde (Cf. *De Pot.,* q. III, a. V, 1ᵃ et 2ᵃ *ratio*) et que, *en
conséquence,* son existence doive être conçue comme effectuée par Dieu
(*Ibid., ad* 1ᵘᵐ).

Pour l'intelligence de ces distinctions, je renvoie mon contradicteur aux
ouvrages *authentiques* de saint Thomas.

III. — Le point de soudure entre la Théorie commune de la Parti-cipation et la doctrine d'Acte et Puissance, selon M. Chossat.

Dans les colonnes 1193-1199, que nous venons d'examiner sommaire-
ment, M. Chossat s'était contenté de mettre la doctrine de la participation
« commune » au treizième siècle en présence de textes de saint Thomas.
Il nous apprenait à tenir fermement les deux bouts de la chaîne, sans nous

1. Scholion, XXVI. Je lis Godefroy dans l'édition définitive d'Uccelli, Rome, 1878.
Uccelli a désavoué l'édition de Migne. Je ne sais de laquelle de ces éditions procède
celle de Vivès, dont se sert M. Chossat.
2. *De veritate fundamentali Philosophiæ christianæ.*

laisser encore voir ce que Bossuet appelle « le milieu par où l'enchaînement se continue. »

Ce chaînon du milieu, il l'avait pourtant un instant caressé des barbes de sa plume, dans la péroraison de sa précédente démonstration *historique*, lorsqu'il avait avancé que *le point de soudure* n'est autre, d'après saint Thomas, que ce que l'on a appelé depuis la puissance objective du fini[1], col. 1199. Et il annonçait que saint Thomas paraissait devoir ce mode de conciliation à Averroès, *ibid*.

On avait cru jusqu'ici que saint Thomas était surtout l'adversaire d'Averroès. Préjugé mis à la mode par Renan, col. 931. Il y a eu, sans doute, l'affaire de l'unité de l'intellect. Mais sur la question de la participation, Averroès est parfait. Ne protestez pas ; on vous dirait : Connaissez-vous les Arabes ? Avez-vous lu, au moins, le *Guide des Égarés* de Maimonide ? Tous ceux qui les ont lus en conviennent.

Sans posséder ma *Substantia orbis* comme M. Chossat, j'ai sous les yeux les commentaires du *Commentator* sur les *Métaphysiques* et la *Destructio destructionum* du même, avec, ô bonheur ! « les notes de Zimara à la fin du volume » tout comme mon cher émule. J'ai lu aussi quelque peu saint Thomas et je n'ignore pas ce qu'il doit aux Arabes. Mais la question n'est pas de savoir si saint Thomas leur emprunte, sans les redresser, quelques arguments, quelques points de vue, quelques doctrines fondés en raison. Voici la question : saint Thomas a-t-il emprunté à Averroès son explication de la *Participation*, telle qu'elle ressort de l'exposé de M. Chossat[2] ? Plus précisément : a-t-il admis que le formel constitutif de l'être fini « du maoudjoud arabe », de l'*ens* scolastique soit caractérisé, d'une part, par la *potentialité* purement logique de l'essence, col. 1221, d'autre part, par la nature *dynamique* du composé d'essence et d'existence ? Voilà les vraies et seules questions !

---

1. M. Chossat cite à l'appui *Sum. theol.*, Ia P., q. XLVI, a. 1, ad 1um ; *De Potentia*, q. V, a. 3. Le premier texte ne parle pas de la puissance objective du fini. Le second en parle ; mais il n'est pas question dans ce texte de faire de la potentialité logique de l'être créé, la *raison* de sa contingence, et par suite de sa dépendance vis-à-vis de Dieu. Saint Thomas se demande si Dieu peut annihiler les créatures. Et il répond *oui*, parce que Dieu peut tout ce qui n'est pas *contradictoire*. Or, il est possible que les créatures ne soient pas, car *non sunt suum esse*. La possibilité logique suffit pour résoudre la question posée ; mais cette réponse ne vise pas la question du constitutif formel du créé. *Pourquoi* est-il possible que les créatures ne soient pas ? Le *non sunt suum esse* souffre au moins deux interprétations, celle de Suarez et la nôtre. La *raison* formelle et dernière de la possibilité logique ne serait-elle pas que la distinction réelle de l'essence et de l'existence ? s'impose à tout être qui n'est pas Dieu.

2. Je ne m'en fais pas le garant. Il me semble cependant que M. Chossat ne s'est pas trompé sur ce point.

Première question. — M. Chossat est un homme étonnant! nous l'avons entendu nous dire tout à l'heure que saint Thomas paraît devoir à Averroès l'idée de la puissance objective, point de soudure de la doctrine patristique de l'être par participation avec la théorie péripatéticienne d'acte et puissance, cf. col. 1199. Le moment venu de donner la preuve de cette affirmation, voici en quels termes M. Chossat fait droit aux engagements qu'il a contractés. « Mais il faut remarquer qu'il est un point sur lequel saint Thomas préfère suivre Aristote. Pour expliquer la composition réelle des êtres simples, Averroès recourt à deux considérations: leur existence est participée, leur essence renferme une potentialité logique. Saint Thomas n'a jamais nié cette potentialité logique, il y a recours pour établir, etc. Mais il s'abstient d'user de ce moyen terme dans la présente question, et soutient avec Aristote et Avicenne que dans les êtres simples l'individualité est la nature. » Ainsi donc, en ce qui concerne les êtres simples, c'est-à-dire ceux en qui la composition nécessaire pour prouver Dieu par la contingence[1] est le moins manifeste[2], voici la doctrine de saint Thomas amputée de l'un des deux moyens termes qu'utilisait Averroès, la potentialité logique. Saint Thomas ne l'utilise pas. Où l'utilisera-t-il alors? Ce ne serait donc pas un moyen général et nécessaire de solution? Pourquoi, dès lors, avoir présenté cette puissance objective du fini comme le point de soudure entre la doctrine patristique et les théories d'acte et puissance? col. 1195. Si elle est inutilisée par saint Thomas pour la question des anges, à qui fera-t-on croire qu'elle est indispensable ailleurs? Si, pour les anges, saint Thomas se contente d'un seul des deux moyens de démonstration d'Averroès, c'est qu'il ne lui doit pas l'idée d'un moyen de solution qui, pour Averroès, était universel?

M. Chossat a dû sentir la *délicatesse* de la situation; car, aussitôt après cet escamotage, nous le voyons se répandre en digressions sur la difficulté qu'offre la solution préférée par saint Thomas, sur l'encre qu'elle a fait couler, sur la difficulté qu'il y a à la concilier avec le *Quodlibet II*, sur les entités auxquelles sa discussion a donné lieu, et finir par déclarer que « la question déborde son sujet », col. 1221.....!

Je la crois fine, dit-il,
Mais le moindre grain de *mil*
Ferait bien mieux mon affaire.

Deuxième question. — Nous voici donc réduits, en fait de concordances entre Averroès et saint Thomas sur la doctrine de la participation, au

1. Chez Averroès, et aussi, selon M. Chossat, pour certaines preuves de saint Thomas, cf. col. 1228.

2. Cf. le passage d'Averroès cité col. 1220, *nam intelligentia Saturni*, et les notes de Zimara sur ce passage, *op. cit.*, p. 49 verso.

caractère dynamique du composé réel d'essence et d'existence qui constitue les créatures.

Voyons cette concordance dans l'exposé de M. Chossat, col. 1229 et suiv. et signalons d'abord trois remarques fort justes en soi[1] :

1º Averroès et saint Thomas prennent comme point de départ le τὸ ὄν, l'existant. M. Chossat illustre ce fait en rapprochant fort topiquement la phrase d'Averroès : *Sed moderni saracenorum speculati sunt in naturâ entis in quantum ens*, de celle de saint Thomas : *Ulterius aliqui erexerunt se ad considerandum ens in quantum ens, Summa Theol.*, Iª P., q. XLIV, a, 2. Voilà de bonne et véritable analogie : il serait à souhaiter que tous les rapprochements de l'article Dieu valussent celui-ci.

2º Averroès et saint Thomas s'accordent encore en admettant que le τὸ ὄν, l'*ens*, comporte une composition métaphysique d'essence et d'existence[2].

3º Averroès et saint Thomas admettent que cette composition peut être nommée *accidentelle*. « Au sens *large* du mot », ajouterai-je avec saint Thomas, *Quodlibet XII*, a. 5. Ce qui veut dire que l'essence et l'existence ne forment pas une *ratio composita, un tertium quid, sicut ratio hominis albi resolvitur in rationem hominis et in rationem albi*, opinion d'Avicenne, mais une *res tertia, sicuti ex animâ et corpore constituitur humanitas quæ est homo, Quodlibet* II, a. 3, *ad* 1ᵘᵐ. L'ange, insiste saint Thomas, est ainsi composé d'essence et d'existence, avec cette réserve que son essence et son existence ne constituent pas des parties substantielles (comme corps et âme), mais sont dans le rapport de substance à complément ou actualité de toute substance, *Quodlibet* II, a. 3, — ou encore dans le rapport de *quod est* à *quo est*, ce dernier terme (qui désigne ici l'existence) étant pris dans le sens où l'on dit : *cursus est quo currens currit, Summa theol.*, Iª P., q. L, a. 2, *ad 3ᵘᵐ* ; q. LXXV, a. 5, *ad 4ᵘᵐ*.

Voilà les éléments communs du système d'Averroès et de saint Thomas. Voici maintenant les différences, quoi qu'en puisse dire M. Chossat, col. 1229.

1º Saint Thomas n'admet pas que la distinction entre l'essence et l'existence soit une distinction *secundum intentionem*, c'est-à-dire « en style

---

1. Mais je ne me charge pas d'accorder la première avec ce que M. Chossat dit plus haut, à savoir que le point de départ créé de la spéculation de saint Thomas sur Dieu n'est pas l'être absolu, mais l'être en tant que relatif à sa cause première.

2. Les suaréziens reprochent à certains thomistes de dire que cette composition est *physique*. Il faut s'entendre. *Physique* signifie ici *réel* : c'est la composition de deux réalités, non de deux aspects de raison; mais ces réalités ne sont pas du premier degré d'abstraction (comme forme et matière), mais du troisième (abstraction de toute matière même mathématique). Essence et existence sont, en définitive, des réalités objectives de l'ordre métaphysique.

moins vieux[1] », comme dit M. Chossat, *cum fundamento in re*. On en trouvera la preuve dans les très nombreux passages où le saint Docteur déclare que l'essence et l'existence *non sunt idem, sunt duo, sunt aliud et aliud*, constituent *una tertia res*, le subsistant, ce qui suppose qu'elles sont par elles-mêmes deux *res* distinctes, etc., etc.

Cette distinction, les thomistes la nomment *réelle*. *Essentia et existentia distinguuntur in finitis ut res à re*, ce qui veut dire que l'essence et l'existence diffèrent comme deux réalités objectives, l'une étant le principe *quo ens est tale*, l'autre le principe *quo ens est simpliciter*. Elles sont réellement distinctes parce qu'elles s'*opposent* comme puissance et acte au sein du même être, ici l'être substantiel existant. L'opposition des raisons objectives est, en effet, le critère de toute distinction réelle. Il serait contradictoire que deux réalités conceptuelles qui s'opposent et s'excluent mutuellement fusionnent dans une raison commune. La distinction virtuelle, *secundum intentionem, cum fundamento in re, rationis ratiocinatae*, n'a cours que lorsque les raisons objectives sous lesquelles se présente un objet sont juxtaposées et ne s'excluent pas. C'est l'erreur d'Averroès (cf. col. 1229 et col. 1220), d'avoir cru qu'acte et puissance, existence et essence pouvaient fusionner dans une unique réalité conceptuelle. L'être ainsi conçu serait une contradiction réalisée.

2° Saint Thomas n'admet pas que la composition de l'essence et de l'existence finies soit d'ordre dynamique, comme le dit Averroès. Mais ici il faut entendre M. Chossat lui-même interprétant ces paroles du Commentateur : *omnes intelligentiae propter primum sunt... ex essentia et esse* :

« Il ne faut pas entendre ces formules au sens purement statique. *Compositio est sicut moveri...* (Averroès, *Destructio destructionum*, disp. vi, fol. 37.) On connaît la définition péripatéticienne du mouvement : *actus possibilis in quantum possibilis*, S. Thomas, *in Phys.*, l. III, lect. ii. L'idée de rapprocher le mouvement, la course de l'existence date d'Aristote. Saint Thomas, *in Metaph.*, l. IX, lect. iii ; *in Sententias*, l. I, dist. xix, q. 1ª, a. 2. La comparaison indique, comme celle de la matière et de la forme, une potentialité continue, mais elle y ajoute la connotation de la cause de l'influx du mouvement, *Quodlibet* IX, q. iv, a. 1. Ce qui revient à dire que, d'après Averroès, l'existence du fini n'est pas intelligible sans l'influx causal de la cause première, *De Potentia*, q. iii, a. v, *ad* 1ᵘᵐ. L'existence des êtres produits, c'est l'être en puissance, ce que saint Thomas appelle *possibilis, in Sententias*, l. I, dist. viii, q. v, a. 2 ; *De Potentia*, q. v, a. 3, devenant être en acte, sous l'influence continue de la première cause (col. 1229). La composition de l'essence et de l'existence, c'est le *passage continu* du possible à l'être sous l'action divine... » Col. 1230.

---

[1]. Est-ce vraiment moins vieux?... Oui, peut-être, pour un contemporain de Suarez!

Ma conviction est que ni Aristote, ni le commentaire de saint Thomas ne donnent prise à cette traduction et que l'interprétation de M. Chossat est de la plus haute fantaisie.

Dans le passage indiqué, il est clair qu'Aristote traite une simple question d'étymologie. Il *rapproche*, comme dit M. Chossat, le mouvement, la course de l'existence. Rien de plus. Inutile de citer son texte. Le commentaire de saint Thomas est très fidèle et le voici :

« Ostendit quid sit esse in actu ; et dicit quod hoc *nomen* actus, quod ponitur ad significandam entelechiam et perfectionem, scilicet formam, et alia hujusmodi, sicut sunt quaecumque operationes, *veniunt maximè ex motibus quantum ad originem vocabuli...* Inter alios autem actus maximè est nobis notus et apparens motus, qui à nobis sensibiliter videtur. Et ideò ei primò impositum fuit *nomen* actus, et a motu ad alia derivatum est. » *In Metaph.*, l. IX, *lect.* 3ª.

Rien n'autorise, dans ce texte, à *identifier* acte et mouvement. Le mouvement est la perfection du mobile, comme l'acte est la perfection de la puissance (donc, ajouterais-je, comme l'existence est la perfection de l'essence). C'est l'idée de *perfection* qui forme le lien des trois analogues mouvement, acte, existence. C'est sous la raison de perfection, d'entéléchie, que le mouvement est comparable à l'existence. Or, l'idée de perfection n'a rien de spécifiquement dynamique.

Il en est de même pour cet autre texte auquel renvoie M. Chossat : « *Sicut autem motus est actus ipsius mobilis, in quantum mobile est, ita esse est actus existentis in quantum ens est.* » *In Sententias*, l. I, dist. xix, q. ii, a. 2. C'est un rapprochement qui laisse chaque chose à sa place. Libre à M. Chossat de voir dans ce rapprochement ce qui n'y est pas, l'idée d'une potentialité continue, la connotation d'un influx. Je lis le passage du *Quodlibet* ix, a. 6 (*alias, Quodlibet* ix, q. iv, a. 1) sur lequel l'auteur s'appuie pour énoncer ces belles choses, et voici ce que je rencontre :

« Sed quia substantia angeli non est suum esse... invenimus in angelo et substantiam, sive quidditatem ejus, quae subsistit, et esse ejus quo subsistit ; quo scilicet actu essendi dicitur esse, *sicut actu currendi dicitur currere. Et sic dicimus* angelum esse compositum ex quo est et quod est, ex esse et quod est. Et quia ipsa substantia angeli in se considerata est in potentià ad esse, cum habeat esse ab alio, et ipsum esse sit actus, ideo est in eo compositio actus et potentiae. »

M. Chossat, hanté de l'idée de la *course à l'existence*, n'a pas de peine à la projeter sur les mots du texte que je cite en italiques ; de là à imaginer je ne sais quelle contamination de tout le texte qui suit, par la comparaison qui s'y trouve, il n'y a qu'un pas : « La *comparaison*, dit-il, *indique* une potentialité continue, mais elle y *ajoute* la connotation de l'influx de la cause du mouvement. » — Mais non ! la *comparaison* n'*ajoute* rien. La comparaison est finie avec le point qui clôt la phrase suivante. Elle a donné tout ce que saint Thomas attendait d'elle, quand elle nous a aidés à saisir l'existence comme une actualité *analogue* à l'actualité que constitue, *dans son ordre*, le mouvement du mobile. Le reste, ce n'est plus la comparaison, mais c'est *saint Thomas qui l'ajoute*, en introduisant dans l'argumentation un principe qui n'a aucun rapport avec la comparaison de la course : *Angeli substantia est ab alio*, ce qui vient de ce que : *non est suum esse*, comme il dit ailleurs.

Analogie, encore une fois, n'est pas identification. Je l'écrivais justement à propos même de cette question[1], il y a déjà dix-sept ans, dans cette *Revue* :

« ... Il me semble plus vrai, en même temps que conforme au texte d'Aristote, de dire que le mot *acte* ne signifie ni l'action (ou le mouvement, c'est tout un), ni l'existence : en lui-même il désigne un mode d'être qui s'applique à l'un et à l'autre bien qu'inégalement, là pour mettre en exercice l'être lui-même (la substance), ici pour mettre en exercice la puissance opérative... Je préfère l'unique mot d'Aristote et des scolastiques (*acte*, au lieu des deux mots *action* et *acte*) à cause de l'effort intellectuel même qu'il exige pour être adapté et *transposé* dans les divers sujets qui le comportent[2]. » « Je ne doute pas qu'il ne résulte d'une lecture attentive du neuvième livre (des *Métaphysiques*) la conviction que le mot ἐνέργεια, bien plus large et plus synthétique que le mot *action*, signifie « la perfection actuelle de « l'être par opposition à l'imperfection potentielle ». Il faut une certaine souplesse d'adaptation pour se reconnaître dans ces différentes acceptions, pour savoir, par exemple, s'il s'agit d'existence en exercice ou simplement d'action. Mais rien n'est plus conforme au génie grec[3]. »

Ma conclusion est que la comparaison de saint Thomas : *Actu essendi dicitur esse sicut actu currendi dicitur currere* signifie tout simplement ceci : c'est que l'existence, perfection substantielle, est vis-à-vis de la substance ce que le mouvement, perfection accidentelle, est vis-à-vis du mobile, étant sauvegardés, de part et d'autre, les propriétés de chaque composé. La propriété du mobile qui a reçu sa perfection, le mouvement, est d'être en perpétuel devenir. Pourquoi? Parce que le mouvement se définit (*descriptive*) *actus entis in potentia prout in potentiâ*. C'est une perfection qui, de sa nature, n'achève rien. Au contraire, la propriété de la substance qui a reçu son complément existentiel, c'est d'être achevée, et, par suite, de s'arrêter dans le développement, l'exhaussement de sa potentialité : *stat, quia jam est. Est*, c'est un terme définitif. Sans doute, *esse est proprius effec-*

---

1. A une nuance verbale près. Il s'agissait de l'analogie d'*actus* et *actio*, au lieu de *actus* et *motus*.

2. Note sur l'emploi du mot ἐνέργεια dans Aristote, *Revue Thomiste*, t. I, janvier 1894, p. 781.

3. *Ibid.*, p. 782.

tus Dei et la conservation de l'être est une sorte de création incessante, mais une *sorte* seulement ; ce n'est plus de la même façon que pour la mise en acte continue du mouvement. Ici la perfection accidentelle se renouvelle à chaque instant du devenir, et, sans cesse, la potentialité du mobile acquiert de par son moteur un acte *nouveau ;* là, la perfection substantielle n'est que *conservée,* l'existence a été acquise une fois pour toutes, et la substance existante n'acquiert plus rien. En ce sens, l'existence est une perfection statique. Il n'y a donc pas de différence entre les deux actes, mouvement et existence, au point de vue du *fait* de leur production par Dieu, mais il y a une différence au point de vue du *mode* de cette production, la perfection du mobile, comme tel, étant essentiellement relative à l'influx du moteur ; la perfection de la substance, au contraire, à savoir l'existence, étant un « complément », comme l'appelle sans cesse saint Thomas, c'est-à-dire un achèvement, un absolu.

M. Chossat ne me paraît donc nullement autorisé à conclure : « Ce qui revient à dire avec Averroès (et avec saint Thomas, *loc. cit.*) que l'existence du fini n'est pas intelligible sans un influx causal. » — Eh bien, non ! Encore une fois, le concept d'existence n'est pas celui de dépendance, et je puis fort bien comprendre que des choses existent sans voir du même coup qu'elles dépendent de Dieu. Ce qui est vrai, et ce qui est réellement enseigné par saint Thomas, *loc. cit.* (*De Pot.*, q. iii, a. 5, c. et *ad* i^{um}) c'est que la présence, au sein de natures multiples et graduées, d'une perfection commune, universelle, absolue comme est l'existence, oblige l'intelligence humaine à concevoir, — comme *propriété* nécessairement conséquente, à l'être en qui l'existence est ainsi reçue de fait, sans être légitimée en droit, — la relation prédicamentale à l'Être par essence dont parle saint Thomas, *Summa theol.*, I^a P., q. xlv, a. 3, *ad* i^{um}. Car toute relation prédicamentale, du fait même qu'elle est un accident, est distincte réellement de son fondement, quoi qu'en dise M. Chossat, col. 1237[1], et par conséquent n'est pas comprise dans le concept même de l'être qui la fonde.

Il n'y a donc pas de motif pour identifier avec la doctrine de saint Thomas les vues d'Averroès tant sur le caractère dynamique du composé d'essence et

1. « Cette relation est un accident logique et prédicamental, *De Potentia*, q. vii, a. 9 ; mais cela n'oblige pas à dire qu'il est distinct de son fondement, *ad* 7um. » Je n'ai pas la possibilité de suivre M. Chossat dans toutes les affirmations qu'il sème, de droite et de gauche, le long de son chemin. Sur ce point, on trouvera la véritable pensée de saint Thomas expliquée *ne varietur* dans le Commentaire de Cajetan, *Summa theol.*, I^a P., q. xxviii, a. 2, n. viii à xii du Commentaire (édition léonine). Pour la même raison, je me dispense de relever, entre autres, l'interprétation tendancieuse du passage de saint Thomas, *In IV Sentent.*, l. I, *dist.* viii, q. v, a. 2, col. 1237 : *quidditas quae non habet esse erit possibilis,* a) *respectu illius esse et* b) *respectu ejus à quo habet esse.* Nous n'en finirions pas.

d'existence que sur la potentialité logique et son rôle dans la synthèse de l'univers et de Dieu.

Ce résultat négatif, en ce qui concerne les prétendues soudures, me dispense de suivre notre auteur lorsqu'il entreprend de retrouver la participation ainsi comprise, *à l'averroïste*, dans la doctrine traditionnelle, dans l'école franciscaine et dans l'école dominicaine (col. 1230-1238). En ce qui concerne saint Thomas, dont j'ai entrepris la défense, s'il n'y a pas eu entente sur les principes, comment y aurait-il accord dans le développement des théories? Je ne puis regarder les arguments cités, col. 1237 et suivantes, pour prouver que saint Thomas a entendu la participation au sens averroïste que comme des arguments, soit étrangers à la question, soit tout au plus *ex communibus*, laissant place à toutes sortes de suppositions contraires, tandis que les deux discussions précédentes ont porté sur les raisons propres, desquelles dépend, à strictement parler, l'averroïsme de saint Thomas sur la présente question.

Je suis bien bon d'appeler ces arguments *extranei et ex communibus*. Il en est qui sont d'audacieuses falsifications. Et l'on se demande comment le point de vue dynamique d'un auteur peut lui voiler à ce point le véritable sens des textes.

Voici, à titre d'exemple, une traduction de M. Chossat :

Cette doctrine sert à saint Thomas « à résoudre certaines arguties qui avaient embarrassé Gilbert de la Porrée, *Ibid.* a. 4, *ad 3um*[1]. Non oportet quaerere quo ipsa essentia sit, sed quomodo aliquid alterum sit per essentiam, c'est-à-dire il n'y a pas lieu de chercher par quoi l'essence existe formellement, mais seulement au sens causal, comment l'être par essence la pose et la tient dans l'être des réalités » (col. 1237-1238).

Voici, maintenant le texte dont est tirée la phrase qu'on vient de lire :

Cum dicimus Essentia est ens, si procedatur sic : ergo est aliquo ens, vel se vel alio, processus non sequitur quia non dicebatur hoc modo esse ens, sicut aliquid subsistens, in esse suo, est ens, sed sicut quo aliquid est. Unde *non oportet quaerere quomodo ipsa essentia aliquo sit, sed quomodo aliquid alterum* sit per essentiam : similiter cum dicitur bonitas bona, non hoc modo dicitur bona quasi in bonitate subsistens; sed hoc modo quo bonum dicimus illud quo aliquid bonum est. Et sic non oportet quaerere utrum bonitas sit bona, se bonitate, vel alia, sed utrum ipsa bonitate sit aliquid bonum quod sit alterum ab ipsa bonitate sicut est in creaturis vel quod sit idem cum ipsa bonitate sicut est in Deo ». *De Verit.*, q. xxi, a. 4, *ad 4um*.

Saint Thomas donne ici tout simplement une leçon de logique réelle. « Par quel principe l'essence est-elle? » Voilà, dit-il équivalemment, une

---

1. Une fausse indication de plus, *De Verit.*, q. xxi, a. 4, ad 3um pour ad 4um. On ne saurait s'imaginer combien la répétition de ces erreurs *matérielles* rend *exerçante* la lecture de cet article.

question mal posée, extravagante. Elle n'a pas de sens, ainsi appliquée à l'essence. La question normale est celle-ci : Par quel principe le *suppôt* (*subsistens*) est-il? Et l'on répond : Il est par l'essence. Demander par quel principe l'essence est, c'est traiter l'essence comme un existant, *sicut aliquid subsistens*, alors qu'elle n'est qu'un principe de l'être, *quo aliquid est* [1].

Saint Thomas fait des réflexions identiques sur la bonté. Puis il termine par cette phrase, où il est question de Dieu, ce qui est sans doute l'occasion de la lubie de notre auteur : « Et donc il ne faut pas demander si la bonté est bonne par sa propre bonté ou par une bonté autre (pour les raisons données), mais si, par la bonté, un être (*aliquid*) est (constitué bon), soit qu'en lui la bonté soit autre chose que lui-même, comme dans les créatures, soit qu'elle soit une seule et même chose, comme cela a lieu en Dieu. » M. Chossat a supprimé l'alternative qui court à travers cette finale. La question du principe de la bonté, disait saint Thomas, ne se pose pas pour la bonté elle-même, mais pour les êtres subsistants qui sont bons, *créature bonne* ou *Dieu bon*. Grâce à cette omission, M. Chossat peut traduire : Il n'y a pas lieu de chercher par quoi l'essence (ou la bonté, c'est la même question), existe (ou est bonne), mais, dans le sens causal, comment l'être par essence (ou la bonté par essence) la pose et la tient dans l'ordre des réalités (ou dans l'ordre des choses bonnes). Il voit ainsi, dans cet innocent passage, une expression de la doctrine qui lui est chère, à savoir que le fini, même considéré hors de ses causes, ne renferme point par soi la *raison formelle* par laquelle il fait partie de l'ordre des réalités (*l'actus essendi*). Il n'y a rien de pareil dans le texte, comme on l'a vu. L'emploi d'interprétations aussi fantaisistes ne peut qu'achever de discréditer la thèse de l'averroïsme de saint Thomas sur la question de la nature du fini.

.˙.

Je suis loin d'avoir épuisé la critique que l'on pourrait faire de cet article. D'abord, je me suis borné aux points sur lesquels mon attention avait été attirée par les *destructions* de mes propres positions, qui, on a pu le voir, sont toutes de saint Thomas. C'est ce point de vue restreint que j'ai signifié par le titre de cette étude critique : *Destructio destructionum*. Ensuite, même sur le terrain déterminé par ces limites, je n'ai fait que tracer une diagonale, examinant au passage les arguments qui se présentaient immédiatement à droite et à gauche. Derrière ce premier

---

1. Cf. quelques lignes avant le texte cité : *Aliquid enim dicitur ens quia in se subsistit; aliquid, quia est principium subsistendi, ut forma.*

plan, c'est le labyrinthe ! J'ai entrevu çà et là bien d'autres fausses pistes, comme celles de l'être conçu comme indéterminé, col. 1202 ; d'autres citations d'apocryphes, comme celle du *De Principio individuationis*, col, 1239, d'autres contresens comme la citation du *De Veritate*, q. XXI, a. 4 ; a. 1, ad 9^m, col. 1233-34, à l'appui de cette affirmation que l'existence est le *fait* que le créé reçoit continuellement sa réalité de Dieu. Et que dire des références où je n'ai rien rencontré du tout !

Je ne veux cependant pas quitter M. Chossat sans rendre hommage au coup d'œil dont il a fait preuve en faisant choix du terrain historique pour renouveler la physionomie de l'exposition de la nature de Dieu selon les scolastiques et particulièrement selon saint Thomas. A vrai dire, les œuvres de saint Thomas sont assez considérables, et elles contiennent d'assez nombreux *lieux parallèles* sur toutes les questions importantes pour que l'on puisse, avec elles seules, établir avec objectivité les doctrines du saint docteur sur Dieu. Il n'en est pas de saint Thomas comme de ces auteurs obscurs ou peu prolixes pour lesquels les recherches historiques équivalent à un renouvellement complet de leur état civil. Le *Divus Thomas sui interpres* sera toujours la règle fondamentale de l'exégèse de saint Thomas, le *lapis lydius* implacable des controverses que l'intelligence de ses œuvres peut susciter. Il n'en est pas moins certain que l'histoire apporte à cette intelligence un coefficient très appréciable d'objectivité. Dans un article que j'ai consacré dans le *Dictionnaire de Théologie* au mot BIEN, j'avais indiqué ce travail comme étant à faire, t. II, col. 836. Je le trouvais trop considérable pour être abordé dans un *Dictionnaire*, et d'ailleurs prématuré, les textes afférents étant encore en cours de publication. Mon opinion n'a pas changé sur le premier point[1] ; sur le second, elle ne peut que se modifier avec le temps. M. Chossat a eu le mérite d'oser. Son travail est à refaire ; mais, malgré son imperfection, il ne laisse pas d'être un premier déballage de textes et, en tout cas, de poser les questions sur un terrain où elles doivent être posées.

Je souhaite que d'autres travailleurs se mettent à l'œuvre et reprennent à nouveaux frais la question de la nature de Dieu selon les scolastiques.

Pour réussir dans cette entreprise et nous donner autre chose qu'un *pro domo* suspect, il est nécessaire que ceux qui l'aborderont soient à la fois des historiens de métier et des théologiens consommés. Manque de la seconde de ces spécialités, on n'aboutirait, une fois de plus, qu'à une construction artificielle faite de fiches rapportées, de documents vus du dehors, comme le sont tant d'essais qui pullulent à notre époque. Manque de la première, on n'aboutirait qu'à une vue d'ensemble systématique, valable

---

1. Et M. Chossat lui-même y fait écho en plusieurs endroits, notamment col. 931.

en soi sans doute, car, nous l'avons dit, saint Thomas se suffit pour assurer sa droite intelligence, mais dépourvue de ce supplément de positivité qui résulte du contrôle scientifique des textes et de leur confrontation avec ce que l'histoire nous apprend sur le milieu où les doctrines dont ils témoignent ont pris naissance. Il y faudra surtout un coefficient de robuste objectivité, la conviction que le plus grand dérèglement de l'esprit c'est, comme disait Bossuet, de tenir les choses pour vraies, parce que l'on veut qu'elles soient vraies, et enfin, par-dessus tout, le respect de la belle devise du savant catholique, qui ne saurait trouver de plus topique application que dans le sujet qui nous a si longtemps retenus : Deus *non eget meo mendacio*[1].

Kain, — Le Saulchoir. Fr. A. Gardeil.

1. *P. S.* — Je ne mets pas en question, est-il besoin de le dire, les intentions de M. Chossat. Je crois avoir établi par des faits, qu'à l'endroit de la doctrine de saint Thomas, si « sa voix est de Jacob, ses mains sont d'Ésaü ». *Non est mendacium sed mysterium*, disait saint Augustin en pareille conjoncture. (*Contra mendacium*, c. x, n. 24; P. L., t. XL, col. 533). Je m'en tiens là.)

Documents manquants (pages, cahiers...)
NF Z 43-120-13